墨香财经学术文库

"十二五"辽宁省重点图书出版规划项目

U0674512

Revenue Distribution of Natural Resource Assets

Theory Deduction,
Mechanism Analysis and Method Choice

自然资源资产收益分配

理论演绎、机理分析与路径选择

夏慧琳 ◎ 著

东北财经大学出版社
Dongbei University of Finance & Economics Press

大连

图书在版编目（CIP）数据

自然资源资产收益分配：理论演绎、机理分析与路径选择 / 夏慧琳著．—大连：
东北财经大学出版社，2018.9
（墨香财经学术文库）
ISBN 978-7-5654-3128-9

Ⅰ.自… Ⅱ.夏… Ⅲ.自然资源−国有资产−收入分配−研究−中国 Ⅳ.F124.5

中国版本图书馆CIP数据核字（2018）第069241号

东北财经大学出版社出版发行

　大连市黑石礁尖山街217号　邮政编码　116025
　网　　址：http：//www.dufep.cn
　读者信箱：dufep @ dufe.edu.cn
大连永盛印业有限公司印刷

幅面尺寸：170mm×240mm　字数：178千字　印张：12.75　插页：1
2018年9月第1版　　　　　2018年9月第1次印刷
责任编辑：李　彬　王　斌　责任校对：王　娟
封面设计：冀贵收　　　　　版式设计：钟福建
定价：42.00元

序言

　　中国共产党第十九次代表大会报告指出："设立国有自然资源资产管理和自然生态监管机构，完善生态环境管理制度，统一行使全民所有自然资源资产所有者职责"，为我国自然资源资产管理体制改革指明了方向。在新一轮中国政府财政体制改革中，自然资源资产收益分配已成为一个日益受到关注的现实财政课题，从党的十八大提出"完善各类国有资产管理体制"，到十八届三中全会也明确提出"完善国有资产管理体制""健全国家自然资源资产管理体制，统一行使全民所有自然资源资产所有者职责。完善自然资源监管体制，统一行使所有国土空间用途管制职责"，十八届四中全会更进一步提出"建立健全自然资源产权法律制度，完善国土空间开发保护方面的法律制度，制定完善生态补偿和土壤、水、大气污染防治及海洋生态环境保护等法律法规，促进生态文明建设"。这不仅对进一步加强国有资源性资产管理工作做出了部署，更为即将开展的自然资源资产管理体制改革指明了方向。自然资源资产管理体制改革的核心是资源收益及其合理分配问题。高效的自然资源资产收益分配机制也是中央和地方均衡财政关系形成的重要因素，进一步深化自然资源收入分配制度的改革，有助于十九大报告提出的"加快建立现代财政制度，建立权责清晰、财力协调、区域均衡的中央和地方财政关系"改革目标的实现。

财政经济理论界长期以来对强化自然资源收益分配管理、提高收益效率和优化分配管理流程等问题进行了多角度的深入研讨，对于丰富财政理论，进一步指导国有资源性资产管理实践起到了积极的推动作用。同时，也为进一步深入研究国有资源性资产管理问题提供了支撑。

夏慧琳博士在博士学位论文的基础上完成的专著《自然资源资产收益分配：理论演绎、机理分析与路径选择》，以马克思主义财产权学说、财产收益分配理论、社会再生产理论、生产资料补偿理论为指导，系统阐述了国家拥有资源性资产的理论依据，论证了自然资源资产收益分配的机理，深入剖析了我国国有资源性资产收益分配存在的主要问题和原因，提出了具有针对性的改革目标、原则和政策选择，具有重要的理论意义和决策参考价值。本书的特色主要有以下几个方面。

第一，坚持以马克思主义经济学为指导。全书坚持以马克思财产权理论作为基本理论依据，并贯穿于分析的整个过程，为深入研究自然资源资产收益分配问题奠定了坚实的理论基础。作者指出：马克思主义财产权理论揭示出在社会主义市场经济条件下，客观存在土地财产所有权、资本财产所有权和劳动力财产所有权，也客观存在与各产权主体所对应的财产权关系。这些财产权主体被赋予的权利、责任和义务，是社会主义市场经济发展对和谐财产权关系提出的内在规定性，是财产权规律的客观反映。依据马克思财产权学说投射自然资源资产的中央与地方政府间关系中，我们需要探索两者之间的权能关系，一是有利于自然资源资产所有权和占有使用权的实现。二是有利于权利、责任、义务三者合一。三是有利于遵循财产权收益分配规律。财产权收益分配规律是市场经济正常运行的基本规定性之一。在中央与地方政府的收益分配格局中，应当切实加强各级地方政府享有的相应的收益分配权能，平衡两者之间的利益关系，改变自然资源资产收益主体缺位和虚位的局面。

第二，提出了创新性的自然资源资产的补偿理论。根据社会生产过程中所投入的生产资料性质的不同，可将其划分为源于自然界的、固定存在的生产资料和由活劳动所创造的生产资料两大类。其中，源于自然界的、固定存在的生产资料也称为天然生产资料，即自然资源资产。依据马克思主义社会总产品价值构成理论，社会总产品价值构成中的补偿价值应包含已被消耗的天然生产资料，也就是国家自然资源资产收益首先应对天然生产资料进行价值补偿。一般意义上讲，补偿属于开展社会再生产的关键环节，只有当作为一般生产条件的天然生产资料得到适当的补偿，并实现帕累托改进时，自然资源资产的再生产才能从过去的生产过程中脱离从而投入新一轮的开发利用，这部分应属于政府所得的补偿性收入。传统财政学对国有天然生产资料补偿价值理论研究有所忽视，作者在坚持马克思主义方法论的同时，丰富和发展了财政学关于自然资源资产价值补偿的理论。

第三，探索了自然资源资产收益分配的运行机理。重塑自然资源资产收益分配制度，既要以一定的理论依据为支撑，也需要明确政府在面临利益分配的行为选择内涵。作者首先明确自然资源资产在政府间分配中所担任的角色定位。一方面，国家自然资源资产是实现经济发展的重要基石与条件。通过生产活动，获取物质财富，而生产活动所依赖的物质媒介，无一不是自然界所提供的，无论是现有的资源资产，抑或是劳动赋予价值的物品，其本质都来源于自然。另一方面，国家自然资源资产对资本积累具有显著影响。尽管历史的长河显示资本积累存在多种潜在的可能性，但最直接快速的途径依然是自然资源资产。农用土地、商用建筑业、矿产采掘业以及渔业等产业与自然界直接相联，是资本积累的第一选择。现阶段，我国资源性资产管理体制是一种纵向的利益委托结构，中央政府拥有最高收益权，是全民公共利益的集中体现，其政府行为以追求利益最大化为目标。中央政府与地方政府在管理自然资源资产的关系中应相辅相成，而现实情况中，地方政府虽然缺少法律所赋予的所有权以及剩余索取权，但却拥有事实上的管理权利，逐步转变为具有"政府主义"与"经济主义"双重属性的管理机构，这种格局势必会形成中央政府和地方政府的利益博弈关系。基于此，重新探索政府间关于资源性资产收益的分配权能，既有利于自然资源资产所有权和占有使用权的实现，又能遵循财产权收益分配规律，同时兼顾权利、责任和义务三者环环相扣、彼此依赖。作者对资源性资产收益分配的内在机理进行梳理，理清其中的脉络环节，为全书奠定了研究基础。

第四，系统总结梳理了自然资源资产收益分配存在的主要问题。随着国家对资源性资产使用状况的日益关注，特别是十八届三中全会提出管理体制改革设想后，国内的研究都聚焦于产权关系及管理体制方面等问题。资源性资产是社会、经济、生态要素的有机统一，对其应采取多维度的综合管理，需考察多重关系，进行体制方面的整体设计。而资源收入分配问题是管理体制的重要环节，本书作者坚持问题导向，发掘出自然资源资产产权不明晰、资产化管理和资源化管理边界模糊、收益分配格局不合理、寻租屡禁不止等改革所面临的突出矛盾，进而为提出国有资源资产收益分配、中央和地方政府间的收益分配等方面的政策选择奠定了基础。

第五，设计了自然资源资产收益分配体制改革的目标、原则和路径。在全面阐释自然资源资产收益分配制度改革理论依据、深入分析自然资源资产收益分配制度存在问题的基础上，设计出改革的目标、原则和路径。本书进一步提出在保障国家所有者权益的前提下，中央政府和地方政府之间的收益分配实行分享制，在新型格局下的收益分配应既关注存量、增量问题，同时兼顾全民收益分配，加快生态文明体制改革。在改革过程中，遵循维护国家所有者权益原则、逐次补偿原则以及合理确定资源性资产投入收益原则等三个原则，其中逐次补偿原则尤为重要，即在对自然资源资产进行价值补偿时按照出让金（初次补偿）、资源税（二次补偿）、资源增值税（三次补偿）和一般增值税（四次补偿）的顺序依次实现。此外，作者进一步提出全方位调整资源资产收入分配格局、加强宏观调控兼顾平衡地区利益、规范资源型国有企业收益分配秩序、优化自然资源资产财产权制度的改革路径，并以构建产权清晰的"统一所有，分级代表"资源性资产管理体制为终极目标。长久以来，不合理的资源收入分配制度导致了在实践中难以切实维护国家作为自然资源资产终极所有者的权益，致使国有资源收益长期受到侵蚀，国家自然资源资产严重流失。作者在理论上对这一问题进行了较为深入的研究，对进一步完善财政学理论体系，丰富国有资源资产管理理论发展，做出了大胆的尝试。

本书的选题紧密结合我国自然资源资产管理体制改革的方向，具有很强的现实意义。全书观点明确，逻辑清晰，引证规范，对资料、数据的采集和处理翔实妥当，对于自然资源资产收益分配改革的大胆探索和提出的具有创新性的理论观点及政策选择思路具有重要学术价值和决策参考价值。希望作者以此著作出版为契机，进一步开拓进取，力争在学术上为我国新时代财税理论的繁荣兴盛做出更多更大的贡献。

李松森

2018 年 4 月于东北财经大学

前言

　　国家自然资源资产不仅是我国国民经济蓬勃发展的物质基础，也是关乎民族福祉、关系民族未来的重要战略因素。从某种程度上讲，如果资源性资产管理处于混沌无序的状态，国家所有者权益和全民利益共享便无从兑现。解决自然资源资产收益分配中补偿性收入与积累性收入相混淆的问题，破解资源性资产管理体制中的内源性障碍，是改革自然资源资产管理体制、构建现代财政制度的重要内容。针对我国自然资源资产管理体制中的各类问题，党的十八届三中全会提出"健全国家自然资源资产管理体制"，在《生态文明体制改革总体方案》中规定"合理划分中央地方职责，保障全体人民分享全民所有自然资源资产收益"，"十三五规划"更进一步提出"保护自然资源资产所有者权益，公平分享自然资源资产收益"。这里，需要对两个关键问题给予足够的重视：一是如何充分捋清自然资源资产在政府间收益分配的机理与规律。政府间自然资源资产收益分配是一个富有逻辑性和趋势性的整体性框架，也是一项"牵一发而动全身"的系统性工程，需要从收益的起点、分配的方向与比例以及政府间的收益分配权能探索等多个角度，全方位地进行分析考量。二是如何从流程上剖析资源型国有资本收益分配的结构性问题，进一步明确分配目标，强化资源型国有企业收益分配的民生导向。深层次分析资源型国有资本的收益分配，既是对我国传统资源型企业利润计量及上缴模式的系统反思，也是对未来收益分配路径和框架优化的设计萌芽。

本书基于我国自然资源资产收益分配过程中的突出矛盾与机制障碍，从预算角度出发，以一般性公共预算、政府性基金预算和国有资本经营预算为暗线，分析自然资源资产收益分配的逻辑架构，并发现自然资源资产收益分配规律。其中，政府间自然资源收益分配整体性框架以及资源型国有资本收益分配目标校准是我国自然资源资产收益分配机制顺利实施的关键所在。

由于作者水平有限，本书中定有错漏、观点不适当之处，恳请读者批评指正。

作　者

2018 年 3 月

目录

1　绪论

现阶段我国持续出现的自然资源资产无序配置、资产大量流失以及生态空间环境恶化等问题，主要原因在于政府长期对资源性资产的弱化管理，直接映射出现行自然资源资产管理体制的缺憾。而国家自然资源资产理念的提出，既是对我国传统经济快速增长模式的系统反思，也是对未来经济发展路径和框架优化的设计萌芽。

1.1　研究背景

自然资源资产收益分配制度的构建与实施是一项牵一发而动全身的工程，各相关工作也需要同步地协调与磨合。

1.1.1　自然资源资产的重要性与发展中国家资源禀赋悖论

早在 17 世纪，威廉·配第就观察到自然资源的重要性，提出"土地是财富之母"。随后，20 世纪 60 年代以石油危机为代表的经济事件给众多经济学者带来更多反思的机会，一致认为技术的进步不一定能改变自然资源资产"物以稀为贵"的思想。然而，诸多发展中国家在拥有较好的资源禀赋条件下，却面临收益分配的几难境地：自然资源资产带来的收益应该用于减少政府的债务率吗？还是应用于提供健康医疗、教育等公共产品？抑或通过减税负的方式再将收益转移支付给居民？还是通过建立资源类基金，以实现代际间的平衡与资源的可持续性？或者借助这些收益以投资基础设施来刺激经济？大部分发展中国家在做完以上的单选或多选题之后，结果并没有将资源禀赋的优势转换为发展和竞争的要素，反而导致了贫富差距过大、产业失衡等局面，甚至跌入"资源诅咒"的怪圈。如此来看，自然资源究竟是"诅咒"还是"福音"，根源在于该国政府对于自然资源的收益与分配如何进行制度化安排，即政府面对现行的关键要素约束以及经济体所处的阶段，如何做出恰如其分的选择。资源禀赋要求制度的设计和发展路径与其相契合，而制度的优劣又直接影响着经济与社会发展的中长期效应。因此，我国作为人口与资源的双重大国，如何构建符合自身发展阶段的自然资源资产收益分配制度就显得格外紧迫与关键。

1.1.2 我国自然资源资产管理体制中的"木桶效应"

30余年来，我国的改革开放取得了瞩目的成效，但是经济发展模式转轨的诉求与自然资源资产消耗方式之间的矛盾随着经济态势进入新常态之后日益凸显，成为亟待解决的关键战略性问题之一。除了笼统地谈转变经济发展模式外，还需要从构建我国自然资源资产收益分配机制这一着力点来弥补自然资源资产管理方面的"制度短板"，进而配合全域性经济转轨的需求。国家自然资源资产不仅是我国国民经济蓬勃发展的物质基础，也是关乎民族福祉、关系民族未来的重要战略因素。从某种程度上讲，如果资源性资产管理处于混沌无序的状态，国家所有者权益和全民利益共享便无从兑现。积极践行十八届三中全会提出的"健全国家自然资源资产管理体制，统一行使全民所有自然资源资产所有者职责"方针政策，有效推动管理体制内收益分配格局进一步完善，既是协调、绿色、共享发展理念的体现，也是全面建成小康社会宏伟目标的潜在需求。现阶段我国持续出现的自然资源资产无序配置、资产大量流失以及生态空间环境恶化等问题，主要原因在于政府长期对资源性资产的弱化管理，直接映射出现行自然资源资产管理体制的缺憾。而国家自然资源资产理念的提出，既是对我国传统经济快速增长模式的系统反思，也是对未来经济发展路径和框架优化的设计萌芽。

1.2 研究的意义和目的

自然资源资产不合理的收益分配制度持久未得到解决，导致持续出现资源性资产大量流失、配置效率低下以及生态空间环境恶化等问题，管理体制运行也受到不同程度的干扰。确定自然资源资产的收益来源、优化资源收益的分配方向是亟须研究的课题与方向。

1.2.1 选题意义与价值

本书对自然资源资产收益分配问题及其制度构建进行了深入研究，在理论层面与实践层面均具有极其重要的意义。

（1）理论意义

财政经济理论界长期以来对强化自然资源收益分配管理、提高收益效率和优化分配管理流程等问题进行了多角度的深入研讨，具有较强的理论意义。从预算角度出发，以一般性公共预算、政府性基金预算和国有资本经营预算为暗线，分析自然资源资产收益分配的逻辑架构，并发现自然资源资产收益分配规律。同时，基于整体性框架探讨政府间自然资源收益分配制度，创新收益的一般性原理。本书以国家自然资源资产收益分配的内生机理为立足点，逐步分析自然资源资产的收益依据、收益形式、分配支出结构及收益分配双向存在问题的缘由，对自然资源资产补偿性收入与积累性收入做出进一步界定，具有一定程度的理论创新。构建全新的自然资源资产收益分配机制，是优化自然资源资产管理体制、从收益分配视角着手解决自然资源资产产权模糊的矛盾、提高收益资金绩效的一项积极措施乃至必然选择，涉及运行机理、分类处理、多管齐下、上下联动、立足当前、着眼长远等一系列问题。目前，国内学术界对自然资源资产收益分配问题在政府间的整体性探讨、中央与地方收益分配的互动关系诸方面、资源型国有资本收益分配的结构性等问题研究相对不足。学术界在研究自然资源资产收益分配时，对其一般性原理、内生机理及政府间的关系等存在着不同的理解和阐释，因而也制约着机制构建的针对性和有效性。在新一轮中国政府财政体制改革中，自然资源资产收益分配已成为一个日益受到关注的现实财政话题，党的十八大提出"完善各类国有资产管理体制"，十八届三中全会也明确提到"完善国有资产管理体制""健全国家自然资源资产管理体制，统一行使全民所有自然资源资产所有者职责。完善自然资源监管体制，统一行使所有国土空间用途管制职责"。十八届四中全会更进一步提出"建立健全自然资源产权法律制度，完善国土空间开发保护方面的法律制度，制定完善生态补偿和土壤、水、大气污染防治及海洋生态环境保护等法律法规，促进生态文明建设"。这不仅对进一步加强国有资源性资产管理工作做出了部署，更为即将开展的体制改革指明了方向。因此，健全国家自然资源资产收益分配制度的研究有其必要性和理论意义。

（2）实用价值

本选题的实用价值主要从以下三个角度逐一展开：①有助于完善我国的自然资源资产管理体系，完整科学的自然资源管理体系应包含产权管理与收益分配管理两个方面，在产权的确认出现诸多问题的时候，科学有效的收益分配机制更能切实解决眼下与长远问题。我国自然资源资产收益分配系统当前的明显不足在于自然资源资产收益分配格局亟须调整，以及收益与分配的联结机制薄弱。②研究国有资源性资产管理收益分配问题有利于维护国家主权、促进市场经济发展、优化资源配置以及保护生态环境，并能不断提升国有经济的活力、控制力及影响力，具有战略性的现实意义。③完善国有资产管理体制是党的十八届三中全会立足全局、面向未来提出的重要战略思想，是中央科学把握现代国家发展规律做出的重大决策部署，抓住了全面深化改革的关键环节。依此研究国家自然资源资产收益分配是深入贯彻十八大、十八届三中全会以及十八届四中全会的会议精神，高度契合中央政府的最高指示，对于完善中国特色社会主义制度、全面建成小康社会和实现中华民族伟大复兴的中国梦具有重大而深远的现实价值。

1.2.2　本书试图解决的主要问题

本书围绕自然资源资产收益分配运行的特征事实与问题归结、政府间自然资源资产收益分配的内生机理、资源型国有资本收益分配的结构化等展开，其中，政府间的收益分配整体性框架及国有资本的利润上缴计量与再分配是自然资源资产收益分配机制科学构建、顺利实施的关键所在。因而，本书着重从以下两个方面入手，解决自然资源资产收益分配的难点问题：

第一，立足于国家自然资源资产收益分配的内生机理，以资源性资产的收益依据、收益形式、中央和地方政府之间的分配结构为研究对象，分析当前中央与地方政府就资源收益分配问题方面的原因，并以不完全信息动态博弈模型考察政府与居民之间应如何实现利益共享，为后续研究提供契机。我国自然资源资产所有权理论上归国家或集体所有，实际上除少数极端重要的战略性资源外，其他的自然资源都归地方政府或部门所有或控制。地方政府的管理行为并未完全履行中央政府的指示精神，存在受短期利益驱动导致的机会主义倾向，这种格局势必会形成中央政府和地方政府的利益博弈关系。因此，重新探索中央和地方政府之间收益分配格局，不仅有利于自然资源资产所有权和占有使用权的实现，也有利于遵循财产权收益分配规律。

第二，着力对资源型国有资本收益分配流程与结构进行探析，从企业上缴利润到国有资本经营预算对收益进行二次分配，尝试对每个环节中影响收益分配的矛盾与困境进行确认，进而以全民共享为出发点对资源型国有资本的收益分配进行模拟，并提出推进资源型国有资本收益分配改革的条件及途径。在我国，中央政府作为具有自然资源资产所有权的主体，而自然资源类企业则作为资源性资产的支配主体，需要对收益进行上缴来形成初次的分配过程。因此，合理、有序地分清自然资源类企业的收益来源、性质及数量是科学收益分配的前提与基础，这样方能有效维护国有资本的权益。资源型国有资本收益分配应是财政收益分配的关键要素之一，自然资源国有资本"全民所有"的本质属性必然要求其在国有资本经营预算方面体现突出的民生特征。然而目前的国有资本预算对于自然资源企业上缴的利润又返还给企业，"体内循环"问题严重，预算的安排对于收益的再分配形成了一定的约束效果。

1.3 自然资源资产收益分配的文献综述

国内外学者在自然资源资产管理体制、资源型国有企业及探索自然资源产权方面进行了不同程度的研究，在既有文献的梳理基础上，我们对相关探讨进行多角度分类，予以整理和总结。

1.3.1 自然资源资产管理体制的基础性研究：概念、问题和改革方向

（1）概念。自然资源资产管理体制是国有资产管理体制的一个关键组成部分，它是经营性国有资产管理和行政事业性国有资产管理的基石，是国家及有关部门根据相关法律法规以行政的、法律的和经济的手段协调、控制和监督国有资源性资产开发利用活动的过程，决定了国有资产能否实现保值增值（刘玉平，2004）。

从目前我国自然资源资产管理的实践历程看来，国有资源性资产管理的核心主要有两个方面：一是对国有资源性资产的产权管理；二是对国有资源性资产开发利用的监督（汪立鑫，2011）。孙亦军（2006）从理论上辩驳了财政与国有资源性资产无关的思想，认为自然资源资产管理体制的关键问题在于要求财政开辟资源性资产的财源，提高运营质量，必要时候成为国家对经济的宏观调控手段。明确国有资源管理机构的职责是国有资源性资产管理体制的重要内容之一，其管理内容大致为自然资源资产实物量管理、自然资源资产价值量管理、自然资源资产开发使用权交易管理、自然资源资产开发效益与优化配置管理、自然资源资产效益管理及监督管理等，深入落实国有资源的资产化管理。

自然资源资产管理体制是关于国有资源性资产管理的基本制度体系，是在中央政府与地方政府之间、地方基层政府之间明确界定自然资源资产管理权利范围，构建管理权能与体系统一的一项基础制度。遵循分级代表，分层管理，统一权责，管资产、管人和管事相结合，政资

分开，政企分开，权能分解与收益相对应以及分类管理等八大原则。具体内容包括国有资源性资产管理机构及其职能设置、国有资源性资产权能划分、中央与地方政府在国有资源性资产管理上的责权划分，以及国有资源性资产管理的基本方式。完善国有资源性资产管理体制的目的，是实现国有资源的有效、合理利用，提高可再生资源及不可再生资源的利用率，达到国民经济、生态资源、山水环境三者共存的和谐状态。

（2）问题。我国学者对于自然资源管理体制的现存问题都提出了自己的见解，主要有三个问题。第一，管理体制不完善。自然资源资产管理体制是涵盖各级政府在管理资源性资产过程中涉及的各项权利规范制度。在 2018 年 3 月以前，负责管理自然资源资产的部委大致包括国土资源部、农业部、水利部、海洋局、林业局、环保部等，无法进行统一协调的规划管理。正如陈清泰和刘刚（2003）所述，现今国有资产体制的弊端，是由多个部门分别行使国家所有权的"五龙治水"导致的。此外，我国多年来注意力始终落于国有资源的分部门管理，对于资源产权的管理缺乏明晰意识，导致国有资源事实上的部门所有和地方所有。第二，自然资源资产利用率低。由于受意识和科技水平的限制，我国目前对资源性资产的开发利用率与发达国家相比偏低，单位能耗较高。造成此类现象的原因有两点：一是政府在对国有资源性资产管理的过程中，缺乏完善的价值管理，导致资源的无节制开发利用。二是意识观念上的错误，认为国有即无偿，无偿使用引发资源性资产的大量浪费、流失（孙亦军，2004）。第三，自然资源资产价格过低。传统的国有资产管理体制并没有将国有资源性资产纳入价值体系，否定其特有的经济属性，使其在开发利用过程中呈现无价性。吴英（1996）认为资源产品价格过低的原因在于过度重视国家在资源性资产开发经营过程中的投资者利益，而忽视其作为所有者角色的利益及初期无偿投入的勘探费用，所以资源性产品的最终价格仅仅涵盖了投资开发成本与运营成本两部分，所有者收益却被排除在外。这就造成一方面国家的财政收入大幅减少，制约了政府对资源性资产的再次投入开发，也使资源性产品的社会总需求偏离正确的市场轨道；另一方面资源性产品的生产者无力完成自我积累的过程，难以提高自身的生存能力。

（3）改革方向。现行的自然资源资产管理体制与我国蓬勃向上的经济发展势头已然不相适应，造成资源性资产利用率低下、国有资产流失加重以及生态环境恶化等一系列问题，对国民经济的可持续发展形成严重威胁。因此，在以战略眼光和统筹规划为前提的条件下，应加快资源性资产管理体制的改革进程。目前，国内学者对这方面的对策研究大致有三点：第一，加强自然资源资产管理体制建设。我国资源性资产利用率低下、国有资产流失严重等问题产生的直接原因，很大程度上归结为国有资源的多头管理，但根本原因在于对资源性资产产权界定不明晰以及产权关系的模糊不清。解决此类问题的关键在于纠正本源，明晰国有资源性资产的产权界定，确定中央与地方之间的产权关系。第二，深化国有资源性资产价值核算。解决国有资源性资产价格过低的问题需要深化资源资产的价值管理方式。邵秉仁（2003）认为对国有资源性资产实施实物管理的核心是建立实物核算体系，其中的关键点当属自然资源资产产权登记制度。实物登记制度有利于确保国有资源性资产的完整性，依据登记在册的实物资产有助于界定企业负有的经济责任，避免部分不合规范企业对国有资源滥伐滥采的行为。陈艳利（2006）认为完善国有资源性资产的价值管理方式主要有两种途径：一是对资源性资产的价格制度推陈出新；二是强化资源性资产的经济核算研究。资源价格是促进市场资源有效配置、引导国有资源合理开发利用的重要经济手段，因此，创新型资源价格制度有利于实现国有资源性资产的科学化管理，同时将资源性资产的指标衡量体系纳入国民经济核算体系有助于政府更合理地制定经济发展政策，实现国家的经济和社会发展目标。第三，改革自然资源资产约束监督机制。从宏观层面监督国有资源性资产的动态流向，是国有资源资产化管理有序开展的基本保障，也是各国有资产管理部门或机构之间互通合作与分工的前提条件。廖红伟和乔莹莹（2015）根据委托-代理理论，提出国有资源性资产管理体制创新的根本路径是建立相对应的激励约束机制，这种机制的建立和完善能够有效平衡委托人和代理人之间的利益，约束两者的管理及经营行为。

1.3.2　自然资源型企业收益的初始分配分析

早在 18 世纪 70 年代，Smith 就对固定性资本的性质及其收入类型进行了初步研究，他指出固定性资本形成的收益规模很有可能超过其所有者的预期收益，而总收益补偿价值（即固定费用与流动资本）后，形成固定性资本所有者可支配的实际收益。受到 Smith 研究的启示，Hicks（1946）则将研究范围限制在自然资源资产上，他认为自然资源资产的收益并非代表全部的真实组成，其中一部分是自然资源资产在生产中的损耗，研究时需要对真实收益与折耗成本进行分离。Salah（1981，1989）在 Smith 和 Hicks 的研究基础上进一步深化，指出自然资源资产的所有者一方面需将非持续收益中的一部分留存，目的是通过留存收益及其利息来弥补递耗资产的枯竭；另一方面，递耗型自然资源资产的年收益流量在理论上需要被转换为真实收益流量，并使得二者的资本化价值相等，如果出现差额，可视为递耗型自然资源的补偿价值。随后，John 和 Anja（1993）、Bartelmus 和 Uno（1998）对 Salah 的研究予以肯定，并进一步拓展，提出自然资源资产折旧的特殊性及计量方法，一致地认为自然资源资产具有其内生性价值，自然资源资产的折耗同样需要价值补偿，相应地，企业也需要实现自然资源资产价值的真实计量。近十年来，国内学者对自然资源资产的超额利润方面的研究也逐渐增多。程昔武（2008）通过实证研究发现我国采掘类企业的收益率超过社会平均收益率，还有学者在其基础上通过上市公司信息披露研究得出采掘类企业的资产存在隐性的价值（耿建新等，2008）。邵学峰等（2016）以五类采选业国有企业 2005—2013 年的相关数据作为研究样本，探究自然资源型企业高利润率与高差异并存的结构性因素，提出产权多样性及经营方式的异质性是自然资源型企业"双高"并存的主要原因；对于国有的资源型企业来说，资本密集度、规模经济两个要素对利润水平具有一定的推动作用，而较高的交易成本则起到相反的抑制性作用。

综上所述，国外对自然资源型企业超额利润率方面的理论研究及实践探讨均相对充分，但各国间的国有自然资源的产权关系及企业性质不尽相同，尚不具备较为充分的可比性。相比较之下，国内学者的研究则多聚焦于采掘类、采选类企业，却并未充分关注自然资源资本的初次收益分配及二次收益分配的全流程要素，且没有从财政学视角进行资源资产收益的多维考察与对比。所以，我国自然资源型企业收益分配的测算需要更多地结合并依靠本国的具体实情。

1.3.3 资源型企业利润上缴的对比分析

我国的国有资本收益分配机制改革虽然时间不长，但在制度设计及实践探索上取得了诸多的成就与突破，然而目前仍然处于改革的初始阶段，诸如自然资源资产的收益分配等一些难题亟待进行深入的剖析与破解。部分国家在国有资本收益分配方面研究较早，积累了较多的理论与实践经验。这些研究主要基于"一个假说、一个模型"的代理理论：一是收益分配能够有效地降低代理成本问题（Easterbrook，1984）；二是对于资本的收益分配是对股东权益有效保护的重要措施（La Porta，2000）。随后，Lang（1989）、Faccio（2001）分别对这一假说和模型进行进一步的验证。不同国家的国有资源型企业利润上缴需要仔细洞察自身的政治体制、管理水平、政府层级等要素，以此来决定预算分配如何满足政府的管理目标。本部分主要立足于国有资源型企业收益上缴的视角，对不同国家的国有资源企业收益及分配进行比较分析，希望从中得到一定的经验与启示。

从各国的国有自然资源企业发展实践来说，收益上缴及分配的模式在不断演化下主要分为四类较具代表性的模式：（1）国家控股资源类企业的模式。以意大利为代表，意大利政府控股国有超大规模的自然资源企业，从而形成对该类企业下属的集团公司、次级持股企业，乃至基层公司的绝对控股优势，保证国家作为所有者对自然资源企业收益的绝对分配权。在利润上缴比例方面，对于意大利的国有独资自然资源企业分别按照15%、20%和65%的比例作为科研资金、储备金以及上缴财政部门。（2）以财政部为主导的管理模式。此类模式下，国家授权财政部直接参与对国有自然资源企业收益的上缴以及再分配的过程，这样有助于直接与国家预算进行对接，但也弱化了对收益分配过程的有效监督。

主要采用的国家有德国、法国、美国、日本等。在法国，自然资源型企业需要将收益的 50% 上缴财政部，剩余的利润一部分进入企业再生产的投入中，还有一部分则按照《公司法》进行股东分红，国有分红部分则继续上缴财政部。(3) 以地方政府为主导的基金模式。美国阿拉斯加州就参股基金公司，对辖域内石油能源自然资源的收益进行全额管理与增值，收入作为长期投资，支出则需要州议会的批准方能统筹纳入预算使用。阿拉斯加州将域内所有自然资源资产带来的收益及其联邦政府的分成收入全额纳入基金，且保证支出比例不低于 25%。(4) 国有自然资源企业董事会决定收益提取比例。在瑞典，为了防止政府对自然资源企业收益提取比例随意而影响企业自身的发展，国有自然资源企业的董事会根据每年的收益情况及未来的发展需要，对国有资源参股部分向财政部上缴 33%～50% 的利润。

1.3.4　自然资源资产的产权制度研究

产权理论是如今研究自然资源资产收益分配的热点之一，国内外学者也有较为丰富的讨论。产权即财产权，在经济学中是指财产主体享有的财产对象权利束，对不同权利主体的行为进行确定和规范，注重各权利主体享有利益的公平性和经济行为的效率性。由于经济资源、社会资源的稀缺性，人类需要通过一定的强制权力界定或规范不同财产主体对财产的经济关系，从而伴随着社会经济的发展，产权制度随之出现，其具有一定的必然性。Grafton 和 Squires (2000) 认为如果产权制度能够发生效力，必须满足四点要求：一是可分离性，即财产的完整权利束能够依据不同用途分开行使，不同权利主体享有对应的权利，譬如资本所有者享有财产收益权、资源使用者享有使用经营权等；二是排他性，即财产主体享受其特定权利束时，对其他财产主体有排斥效应，如果产权是非排他性的，那么市场中的财产使用及收益将会混乱不清，产权制度就没有存在的必要；三是流转性，基于利益最大化原则，不同权利主体能够自由让渡财产的全部或部分权利，以达到资源的高效配置 (Pejovich，1990)；四是保障性，产权一旦确认权利主体，其所产生的任何收益都是确定归属的，并应受到法律保护，如果财产主体的利益不能得到有效保障，创造收益的内在动力就会消失，产权也失去了其存在的意义。

对于自然资源资产的产权研究往往是和公共管理联系在一起的，Tietenberg（2012）将研究聚焦于水资源，提出水所附属的财富属性是所有资源资产中最广泛的，而水资源的缺乏问题已上升至世界高度。他为合理利用水资源提出两点见解：一是控制水权流转量，以租赁的方式对水权实行高效配置利用；二是建立边际成本定价系统，正确体现水资源的稀缺性，激励人们保护水资源资产。朱迪丽丝（2005）认为矿产资源资产的价值应通过人类对其的渴求度来衡量，譬如经济增长、就业率、生态环境质量、经济效率、分配公平等五个标准。

我国学者对自然资源资产产权的研究汇于一种思路，譬如王万山（2002）、肖国兴（1997）提出明晰的资源产权与市场交易是资源资产能够合理定价、实现资源优化配置的核心。虽然资源资产产权可流转、可交易，但以产权交易的方式改善资源资产的外部性仍具有局限性，在这个过程中，政府应适时介入规制（徐嵩龄，1999）。而庄国敏、钟凰元（2015）认为，有效推进自然资源产权制度的必要条件在于把握其内在的效率与公平的关系，如此才能实现经济利益、社会利益与生态利益的统一，优化代际统一。

通过梳理国内外文献，我们可以发现既有研究的三个特点：一是从不同层面分析了与自然资源资产收益分配相关的课题，阐释了自然资源资产管理体制的现状，为研究自然资源资产收益分配提供了背景条件。二是通过对国外资源型企业的利润上缴及分配的研究，思考我国是否可从中借鉴，如果不能，如何进行优化。三是国内对于自然资源资产收益分配的研究大多集中于单个自然资源，并无整体性分析，这是相对缺乏的方面。

1.4 本书的框架结构与研究方法

按照自然资源资产的一般性收益原理与分配规律构建本书的逻辑结构与主要脉络，并利用五种研究方法对自然资源资产收益分配制度进行系统分析。

1.4.1　框架结构

本书的研究内容共分为 7 章，具体概括如下：

第 1 章系统论证了本书的研究背景，介绍了研究的意义与价值，进而阐明研究目标。在明晰本书整体思路和框架结构的基础上，阐述本书需解决的问题、使用的方法及技术路线，同时立足宏观视角归纳本书逻辑结构。

第 2 章对与自然资源资产收益分配相关的自然资源、自然资源资产、资源型国有企业、国有资本、自然资源资产收益分配等概念进行阐释，联系本书的研究宗旨，进一步廓清自然资源资产收益分配的核心要素，分析收益分配主体、客体、受益对象、方式、表现形式，系统地概括自然资源资产收益分配在当前自然资源资产管理体制下的内涵。通过检索自然资源资产的相关文献，在已有相关概念分析的基础上，论述自然资源资产收益分配的理论体系。从国家主权理论、马克思主义财产权学说、收益分配代理理论及权利限制理论展开多维探索，分析收益分配与这四种理论的关联，为后续的分析提供理论支撑。

第 3 章基于详细梳理自然资源资产收益分配的演化轨迹，对我国自然资源资产的制度沿革及现状进行归纳与解构，尝试总结我国自然资源资产收益分配的基本特点。我们可以发现上述四个时期对于自然资源资产收益分配的不断探索与总结，奠定了我国现行自然资源资产收益分配的基本框架。这些改革为自然资源资产的有序开发和利用，以及国民经济的稳定发展起到了积极的作用。1949 年至今，我国在自然资源资产收益分配方面做出了诸多努力，通过各项法律、法规以及规章制度的推出、执行与修订，我国的自然资源资产收益分配制度得到了不断的完善与规范，在一定程度上夯实了改革自然资源资产收益分配的基础。分析自然资源资产收益分配的演化轨迹，以及我国自然资源资产收益分配的制度沿革与特征事实，以此为契入点，发掘我国自然资源资产收益分配中的突出矛盾及机制障碍，明晰自然资源资产收益分配的具体情况，并有针对性地逐个攻克收益分配的重重阻碍。

第4章着力对资源型国有资本收益分配流程与结构进行探析，从企业上缴利润比例到国有资本经营预算对收益的二次分配，尝试对每个环节中影响收益分配的矛盾与障碍进行确认，进而以全民共享为出发点对资源型国有资本的收益分配进行模拟，并提出推进资源型国有资本收益分配改革的条件及途径。一般来说，资源型企业通过资本化自然资源资产所有权对自然资源资产进行采掘与炼制，进而形成经济增长及社会生产所需要的一般生产资料，在管理经营过程中获得自然资源资产积累性收入部分，以此形成企业的收益。我们可以认为资源型国有资本收益分配应是财政收益分配的重要构成，自然资源国有资本"全民所有"的本质属性必然要求其在国有资本经营预算方面体现突出的民生导向。然而目前国有资本经营预算安排自然资源型企业上缴的利润又返还给企业，"体内循环"问题严重，这种安排对于收益的再分配造成了一定的约束效果。值得我们注意的是，对于国有资本经营预算回归企业再生产的比例需要慎重考虑，既不能影响企业资本性投资及生产可持续性，亦不可因为比例的约束造成过度投资的现象，应将国有资本经营预算定位于兼顾企业再生产与服务公共财政的平衡状态。对自然资源资产收益分配从纵向上进行结构探析，归结问题背后的深层次原因，进而继续探寻推进资源型国有资本收益分配的改革条件，深入分析资源型国有资本收益分配重构所需的运行条件，在全局视阈下把握收益分配改革的节奏、次序。

第5章以国家自然资源资产收益分配的内生机理为立足点，逐步分析自然资源资产的收益依据、收益形式、分配支出结构及收益分配双向存在问题的缘由，并由此以不完全信息动态均衡博弈模型分析政府如何平衡与居民之间的收益共享，引出后续讨论。自然资源资产具有显著的经济效应，在政府间的收益分配中主要扮演两种角色：一是实现经济发展的重要基石与条件；二是国家自然资源资产对资本积累具有显著影响。充分分析自然资源资产的收益依据，合理界定资源性资产的收益性质是进一步完善自然资源资产有偿使用制度的现实要求，也是重塑中央政府与地方政府收益分配格局的前提条件。一般意义上，补偿属于开展社会再生产的关键环节，只有当作为一般生产条件的天然生产资料得到适当的补偿，并实现帕累托改进，自然资源资产的再生产才能从过去的生产过程中脱离从而投入新一轮的开发利用。然而，政府在享有自然资源资产所有权的同时，通过出让的方式使企业获得资源性资产使用权，并不只是为得到补偿性收入，更重要的是得到与所有权相符的经济收益，即积累性收入。自然资源资产的收益分配研究是政府间财政关系的构成部分，分配是否合理对政府行使职能、经济稳健发展都会产生一定程度的影响。目前，我国自然资源资产收益的分配方向通常有三类：一是中央政府独享收益；二是地方政府独享收益；三是中央和地方共享收益。从实践看，我国自然资源资产收益的分配方向大多以地方政府独享为主，中央和地方政府共享为辅，中央政府独享收入微乎其微。探讨地方政府和居民之间在利益分配进行时的博弈行为及选择，同时与第4章资源型国有资本利益分配遥相呼应。

第6章针对自然资源资产收益分配制度改革的构想，提出需要遵循的目标与原则，并设计调整政府和资源型企业、中央政府和地方政府之间的收入分配格局，在此基础上，优化自然资源资产的财产权制度，使资产的集中管理与适度分权有机结合。在推动收益分配制度改革的过程中，我们首先以保障国家所有者权益为首要目标，尽可能维护国民经济整体安全的状态。处理好政府和资源型企业之间的利益分配关系，有利于双方实现利益最大化。中央政府和地方政府之间的收益分配实行分享制，以分享制为主导的分配格局能够进一步调动地方政府管理自然资源资产的主观能动性。同时，新型格局下的收益分配应既关注存量、增量问题，同时兼顾全民收益分配，加强生态文明建设，创新自然资源资产收入理论，规范收入形式，把握分配规律。我国自然资源资产收入不规范，根本原因在于收入性质界定不明，不同性质、不同目的的收入边界不清，导致征缴名目繁多、费挤税等问题的发生。在上文所整理的五类收入形式中，应将带有产权出让、天然生产资料价值补偿性质的收益纳入补偿性收入范围，将土地一次性补偿的中央分成部分即土地收益金，明确为土地补偿中央分成收入；将以投入天然生产资料而实现的超额利润作为税基的税种，或因自然资源资产作价出资、入股获得的股息及红利收入都纳入积累性收入范围。

第 7 章围绕前文介绍的障碍和困境，本书认为应构建与经济发展相适应的自然资源资产管理体制。由于资源性资产的价值特殊性，不应将其与经营性国有资源及非经营性国有资产纳入同一法律规定，而应单独颁布独立的国有资源性资产法。统一的国有资源性资产法律需涵盖资源性资产的产权制度、市场交易制度、有偿使用制度和资产评估制度等，同时也要包括对违法行为的严厉惩治措施。从产权的功能性角度来说，产权结构的明晰是自然资源资产收益分配的制度基础。我们构建自然资源资产管理制度的基本原则是在生态环境可持续发展条件下实现自然资源资产效率与收益的最大化，以实现收益大于成本的基础性目标，进一步达成国家利益、社会价值与群众切身利益的有机统一。建立真正意义的国家"统一所有，分级代表"的国家自然资源资产管理体制，实现终极所有者归位。由于我国资源性资产的产权界定不清，出现了多头管理和所有者虚位的管理局面。一方面，多头管理模式使得国家所有权能被分解，部门之间缺乏有效沟通并相互夺取自以为属于本部门的所有者既得利益，导致资产管理效率低下；另一方面，所有者虚位的状态模糊了央、地之间委托代理关系，没有法律明确承担风险、承担责任和分享收益的主体，直接影响资源性资产的规范管理，在造成央、地关系间权利失衡的同时，地方政府缺乏监督管理的积极性并产生短期功利主义行为，导致国有资产的大量流失。

1.4.2　研究方法

（1）规范分析方法

本书运用归纳和演绎等方法，提炼自然资源资产收益分配框架所涉及的各种因素，分析自然资源资产收益分配的一般性原理及内生机理；运用激励理论和机制设计理论，分析中央政府、地方政府、资源型企业与居民之间的相互关系和影响。

（2）定性与定量相结合

本书基于精炼贝叶斯纳什均衡博弈模型分析政府间收益分配的关键节点，弥补已有研究在中央和地方政府之间收益分配关系缺乏准确视角的缺陷，进一步引申到资源型国有资本收益分配的结构性的相关性研究，设计度量指标，采集充分的样本数据资料，建立计量经济模型，确定资源型国有资本收益分配模拟结果的判定与衡量。

（3）文献分析法

鉴于目前国内对自然资源资产收益分配架构、国内自然资源管理体制改革方向、政府间的收益分配关系构建和自然资源资产负债表的研究都存在着有待深入之处，作者将充分跟踪国内外自然资源资产相关研究的新进展，为当前的研究提供基础和条件，为本书寻求充分的理论研究基础和实证分析方案。

（4）历史分析法

财政（国有资产）体制变动和运行受到多种因素的影响及制约。从分税制改革至今乃至 1949 年至今，我国的国有资产管理体制一体化进程和协调方式以及政府间财政关系的模式一直在发展变化之中。分析不同阶段收益分配沿革和责权划分的特点，需要从历史分析的角度考察其产生和演进的基本历程，明晰其理论依据和运行方式的来龙去脉及其历史与现实原因，才能揭示其发展趋势，并从中得到一些富有启发性的结论。

（5）系统研究法

从系统观念出发，可以把自然资源资产收益分配的发展脉络看成一个系统，统筹兼顾财政体制内外要素的相互影响、相互作用，有助于使各相关要素产生协同整合作用。自然资源资产收益分配机制牵一发而动全身，其影响从未仅仅滞留于国有资产管理领域。因而，以全新的角度思考全面深化改革的总体布局，可以发现，自然资源资产收益分配机制的安排不仅是财政体制改革的重要组成部分，而且牵动包括经济、社会、政治、文化、生态文明等各个领域的改革。

1.4.3 技术路线

本书以自然资源资产收益分配为研究主线，在界定自然资源资产收益分配相关概念、要素和理论的基础上，围绕内生机理及其协调方式等方面进行探讨，并进一步对资源型国有资本收益分配结构及层次上的合理性进行论证。本书的具体技术路线框架如图 1-1 所示。

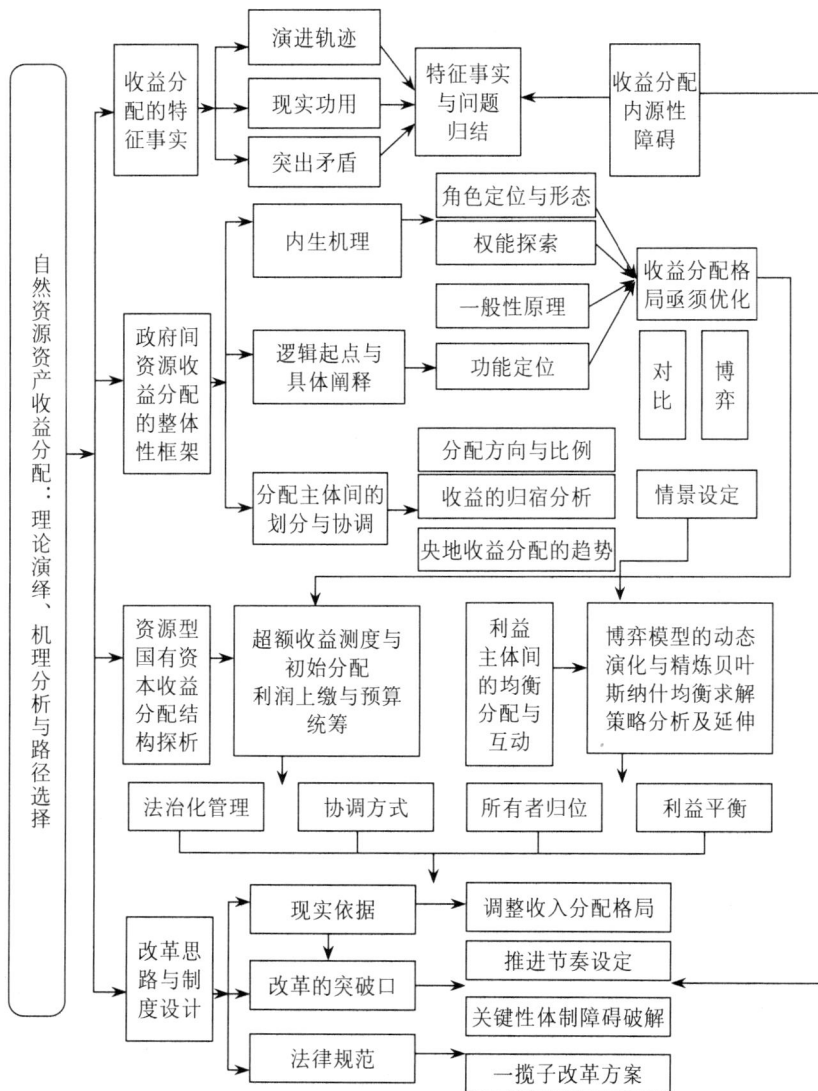

图 1-1 自然资源资产收益分配技术路线图

1.5 本书的创新与不足

本书在自然资源资产收益分配规律与政府间关系重构的三个方面具备一定的创新性，但仍存在进一步完善的空间。

1.5.1 可能的创新之处

本书以自然资源资产收益分配为研究基点，可能的创新点主要体现在以下几个方面：

第一，从预算角度出发，以一般性公共预算、政府性基金预算和国有资本经营预算为暗线，分析自然资源资产收益分配的逻辑架构，并发现自然资源资产收益分配规律。通过对国家自然资源资产收益的深入分析，发现当产权主体凭借特定财产权利获得对应的收入形式时，应遵循其内在规律：应优先补偿已消耗并实现价值转移的一般生产条件的成本，表现为自然资源资产出让金或直接提取补偿费，同时以流转税（增值税、关税等）的形式补偿国家所有的间接生产要素投入成本。再对企业开发利用资源性资产而实现的超额利润（企业所得税）进行分配，而后依据企业性质的不同，履行偿债责任后进行利润分配。

第二，基于整体性框架探讨政府间自然资源收益分配制度，创新收益的一般性原理。本书以国家自然资源资产收益分配的内生机理为立足点，逐步分析自然资源资产的收益依据、收益形式、分配支出结构及收益分配双向存在问题的缘由，对自然资源资产补偿性收入与积累性收入做出进一步界定，厘清理论界长期以来将两者混淆的认识现状，具有一定意义的理论创新。

第三，探析资源型国有资本收益分配流程与结构，以模拟全民共享分享比例推动国有资本收益分配改革。本书对资源型国有资本的初次分配、二次分配分别进行测度与纵向考察，借鉴 Shapley 值法，尝试在合作对策中优化资源型国有资本的收益分配，重新统筹资源型国有资本收益分配格局。

1.5.2 书中的不足之处

随着对自然资源资产收益分配的一般性原理、内生机理、博弈的稳定策略及政府间的收益分配关系探索的逐步深入，客观上需要我们以资源性资产收益分配的视角从中央政府、地方政府、资源型企业中分离出引发问题的结构性因素，并将收益分配的全民共享趋势作为自然资源资产管理态势的重要指标。但是本书仅对 1949 年以来自然资源资产收益分配的态势进行分类考察，在历史的纵向上如何结合"收入分配"假说，进一步考虑"资源诅咒"在发展中国家的特殊性，在量化方面的工作稍显不足。对于地方政府与地方资源型国有企业之间利润分配的探讨尚未涉足。此外，在自然资源资产收益分配机制构建的过程中政府间事权、支出责任、财力配置等各个关键要素之间关系的良性互动具体化方案设计方面仍不到位。

2 要素廓清与理论探源

自然资源资产收益分配是所有者体现所有权的关键性因素，也是国家自然资源资产管理体制的重要构成。我们借助现有理论成果，廓清与自然资源资产收益分配相关的概念要素，构建较为全面的自然资源资产收益分配理论体系。

2.1 自然资源资产收益分配的相关概念和范畴界定

准确界定与自然资源资产收益分配相关的概念要素，是开展自然资源资产收益分配研究工作的先决条件。

2.1.1 自然资源与自然资源资产的辨析

（1）自然资源

在研究国家自然资源资产收益分配制度之前，我们需要先厘清自然资源资产与自然资源之间的关系。从人类生存的角度出发，资源（Natural Resource）是重要的物质保障及潜在财富。从广义上讲，资源包含了人文资源、经济资源及自然资源；从狭义上讲，资源仅指普通意义上的自然资源，即具有实物形态的资源。

地理学家金梅曼（Zimmermann，1933）较早给自然资源做了较为周全的定义，他在《世界资源与产业》一书中提出："只有当环境或者是其他某些构成部分能够满足人类需求时，才能被认为是自然资源。"①自然禀赋，或可称为环境禀赋，在能够被人类感知到其存在、认识到能用来满足人类的某些需求，并发展出利用方法之前，它们仅仅属于"中性材料"。他认为，如果人们不需要煤炭或是毫无利用它的能力，那么它就不属于自然资源。金梅曼对于自然资源的概念解释是相对的、功能性的，是偏向人类中心主义的。

1972 年，自然资源被联合国环境规划署定义如下：在一定时间和一定条件下，能产生经济效益，以提高人类当前和未来福利的自然因素和条件，可以发现具备"经济效益"是衡量自然资源的重要标准。而自然资源依据标准的不同，其概念也存在着很多差异。

《辞海》关于自然资源的定义是：通常指天然存在的自然物，如土地资源、矿藏资源、水力资源、生物资源、海洋资源等，是生产的原料来源和布局场所。通过不断更新升级的社会生产力和科学技术，人类开发利用自然资源的广度和深度也得到了不断加深。这里强调了自然资源的"天然性"。

我国学者对于自然资源的定义也有自己的看法，吴海涛和张晖明（2009）认为自然资源具备为人类输送某种福利的属性。在此基础上，一些学者认为国有资源即为在我国法律规定范围内，自然界中先天存在并且所有权属于国家的各类自然资源，属于动态概念（李松森等，2013）。也有观点表示国有资源就是资源性国有资产，是能够产生预期收益的自然资源（郭海莲，2006）。

针对上述观点，我们认为将自然资源视为自然资源资产的论断是片面的，资源不等同于资产，在自然资源未得到充分的开发利用时，其仅仅作为单一的自然形态存在，无实际的经济价值产生。因此，自然资源

---

① ZIMMERMANN E W.World resources and industries.New York：Harper，1951.

的特征大致有三点：一是国家拥有绝对所有权。根据宪法规定，在我国领土范围内的一切自然资源，国家都有最高所有权与支配权。二是潜在的经济收益。产生未来经济效益是自然资源蜕变为国家自然资源资产的重要前提，无经济价值的资源只能作为大自然的一员，不能为经济社会的发展提供助力。三是自然资源的天然属性。自然资源来源于自然，而非人造或是人为，可知自然资源的天然属性是其与生俱来的基本属性。因此，自然资源是指国家拥有最高所有权、具备天然属性和经济属性中的任一属性或两者兼有的这类自然资源。

（2）自然资源资产[①]

早在17世纪，在威廉·配第提出的"劳动是财富之父，土地是财富之母"的著名观点中，出于某种意义，"土地"被当做自然资源的原始代表，是国有资源性资产的初始形态，也就是国有资源性资产是国有资源资产化的呈现形式。依据我国宪法的规定，笔者将国家自然资源资产默认描述为自然资源资产。在西方，通常称自然资源资产为自然资本（Natural Capital），是为社会及经济发展服务的矿藏、森林、大气及一切生态资源（Robert Costanza，1997）。在国内，李金昌（1995）是研究我国国有自然资源资产的开拓者之一，他认为"国有自然资源资产是受人类直接或间接影响的、实际或潜在的自然资源存量，其包括一部分在经济活动参与下形成的资源存量。它们既表现为实物量，也表现为价值量及所有者的'财产权'"[②]。尽管其给出的定义相对宽泛，但对其之后的研究产生了很好的铺垫作用。

纵观现今国内学者对国有自然资源资产的概念阐述，大多是以钱阔和陈绍志（1996）的理论为基础，先对自然资源和资产的含义、特征进行对比分析，再依据经济观念，将资源性资产界定为"以人们当前所具备的知识水平和科技水平为前提，通过开发利用等手段能产生一定经济价值的资源"（钱阔，1996），并认为它是一种多态、多途、多属性的资产。基于此，毛程连（2005）解释自然资源之所以成为自然资源资产，需要满足下列前提："首先，需要成为社会生产要素；其次，能够被占

---

① 在我国，自然资源资产分为经营性与公益性两类，本书讨论的对象具体指的是经营性的自然资源资产。
② 李金昌. 资源经济新论［M］. 重庆：重庆大学出版社，1995.

有或是控制；再次，自然资源能以产权的形式流转；最后，实现未来的经济收益。"这一观点与叶慧娜（2005）、孙亦军（2006）对国有自然资源资产的看法有异曲同工之处。也有研究者从会计学角度出发，定义国有自然资源资产是指财产主体拥有的物质实体能够以货币、实物等价度量，并可能产生效用的自然资源（赵明等，2005），它能够为人们提供实实在在的潜在收益，是人类从事社会经济活动的重要基石，应当纳入会计核算体系。

从概念论述来看，自然资源是自然资源资产的实际物质载体，前者强调实物，后者偏重价值，而前者转化为后者需要具备一定的条件，譬如具有稀缺性、明确的所有权以及为人类带来社会福利。"稀缺性"表明从自然资源转化为自然资源资产存在数量界限，处于供不应求状态；"明晰的所有权"意指自然资源资产产权是否被合理划分，权利界限是否明晰；"为人类带来社会福利"强调自然资源资产的经济价值、社会价值以及内生化的生态价值。我国的自然资源资产属于国家主权所有，是能够通过合法的开发手段产生一定经济效益，同时兼有经济和产权双重属性的自然资源资产化产物。

随着实践的进一步加深，中外学者从不同的角度对国有自然资源资产的概念进行定义，绝大多数研究者强调了自然资源资产的本源是生态资源，同时自然属性、经济属性兼而有之。现阶段，我国国有自然资源资产带有国家垄断性烙印，是自然资源的资产化产物，具体是指在当前经济社会发展和人类现有的科技知识储备的条件下，国家以委托代理的方式，通过合法、合理的开发手段产生一定经济效益，以资产形态存在同时兼有经济和产权双重属性的自然资源，具有天然性、可计量性、稀缺性以及国家垄断性等特征。

2.1.2 资源型国有企业与国有资本

（1）资源型国有企业

在国际上，国有企业（State-owned Enterprise）一般是指由中央政府所有、投资并实际参与控制或经营的企业。在我国，地方政府参与经营的国有企业也包含在内。这里，国有企业的经营管理带有委托代理的色彩，并突出政府对国有企业的实际控制权，具体可划分为特定功能类①、商业竞争类②与公益保障类③。

从国有企业的属性来看，其具备营利性和公益性两种性质，前者的目的是实现国有资产的保值与增值，后者的目的是服务社会，实现全民共享改革红利，两者是此消彼长、互为矛盾的关系。具体来说，国有企业的营利性主要是指国有企业以经济组织的形式为前提存在，以利润最大化为企业目标，以此区别于政治组织。国有企业的公益性是指所有权的公益性、对象的公益性、前景的公益性、支出的公益性、规制的公益性（植草益，1992）。这两种属性的存在会使国有企业在经营管理过程中存在某种程度的困难。而资源型国有企业在我国具备国有企业的所有属性，以经营自然资源资产为主营业务，基本属于自然垄断型中央企业。

（2）国有资本

国有资本的概念根植于不断完善的经济体制中，伴随国有企业的精益发展而更新。起初，国务院国有资产监督管理委员会（下文简称国资委）将国有资本定义为国家投入企业的各种经济投资及由投资所带来的收益，包括法律规定的由政府所有的其他所有权益。2007 年，国务院为有效解决国有企业在发展中所遇到的机制性问题，提出试行国有资本经营预算，划定国有资本经营预算的收支范围。同年印发《中央企业国有资本收益收取管理暂行办法》，规定国有资本收益的上缴比例是10%。2010 年进一步扩大了国有资本经营预算的范围，并上调中央收取国有资本收益比例 5%。2014 年，为进一步保障民生，国家继续上调中央企业国有资本上缴比例，在现有基础上提高 5%。在本书中，国有资本是资源型国有企业的核心，也是其获取收益的关键来源。

2.1.3 自然资源资产收益分配

自然资源资产收益分配主要是指政府通过出让或是作价入股的方式

①　特定功能类央企以实现社会效益和经济效益统一为目标，重点服务国家战略、保障国民经济运行与安全。
②　商业竞争类央企追求经济效益最大化，兼顾社会公平。
③　公益保障类央企以实现社会效益最大化为目标，主要职责是提供公共产品与服务。

获取自然资源资产收益，并对所有收益进行分配的一种经济行为。我们认为，自然资源资产收益分配的动因主要有两点：一是提高国有资本的投资效率，为经济发展积攒财政动力；二是逐步完善公共资源的优化配置，激发经济潜能与活力。

自然资源资产收益分配在本质上体现为一种财产权关系。这种财产权关系，就其一般性而言，是自然资源资产所有者、占有使用者和经营管理者之间的经济利益关系。在现行自然资源资产管理体制下，这种财产权关系具体表现为中央政府与地方政府自然资源资产收益分配关系，国务院国资委与资源型国有企业之间的经济利益关系。由于自然资源资产的全民所有特征及社会主义生产目的，不同财产所有者之间的关系在根本利益上是一致的，兼具非本质的矛盾。自然资源资产收益分配的根本目标，就是要保障不同财产权利所有者享受财产收益的权利，解决其存在的非本质矛盾，促进和谐财产权关系的实现，同时促进资源型国有企业效率与公平的共赢。

2.2 自然资源资产收益分配核心要素

探寻自然资源资产收益分配的核心要素，明晰谁获得收益、如何获得收益、收益如何分配等问题，对于后续研究有着无可比拟的重要性。

2.2.1 收益分配主体

自然资源资产收益分配的主体，即"谁获得收益、谁进行分配"的问题。理论上，收益分配的主体应该是拥有自然资源资产财产权的全体人民，实践中，则由中央政府和地方政府为代表。通常，自然资源资产可以为各财产权利主体带来可观的经济效益，因而，自然资源资产的所有者、占有使用者和管理经营者都是其收益分配主体的一份子。同样，依据投资者拥有产权的原则，由中央政府与各级地方政府为所有者代表出资的资源型国有企业收益分配主体依然是其所有者代表，凭借收益分配规律确定收益分配形式、分配顺序及方式。

2.2.2　收益分配客体

自然资源资产收益分配的客体，即"分配的是什么"的问题。这里应指由于自然资源资产的开发利用而带来的全部收益，既包括初次补偿收入（土地出让金、矿业权出让收益、海域使用金、增值税等）和追加补偿收入（资源税），也包括自然资源资产投入生产使用的投资回报（企业所得税、税后利润、股利），这三者都属于收益分配客体的范畴。

2.2.3　分配受益对象

要想从自然资源资产收益中享受经济回报，拥有权利是前提条件。通常来讲，越靠近自然资源资产主体的利益中心，享有的分配利益越多；越远离自然资源资产主体的利益中心，享有的分配利益越少。原则上，其收益分配应遵循全民共享，但实际操作上会有偏向性。譬如自然资源资产收益通过一般公共预算、政府性基金预算或国有资本经营预算，向社会提供社会医疗、教育及文化事业等公共产品，服务于全体人民。但在利益分配过程中，相比中西部地区居民，东部沿海地区居民受益度会更高。因此，收益分配在实践中更需注重公平性。

2.2.4　收益分配方式

收益分配方式中主要涉及的是自然资源资产财产权主体如何获得收益问题。在我国，自然资源资产的收益实现途径主要是出让、出租或作价出资三种方式。其中，出让方式带来的收益有些是一次性收益，有些则是持久性收益，属于长期出让自然资源资产使用权或开发权，包括国有土地使用权、矿业权、海域使用权、水资源开发权等权利。出租方式是对自然资源资产的使用权实行租赁，对租赁者收取租金收益。而作价出资是政府将自然资源资产折股，评估其价值折合为股份，组建资源型企业，属于资本化投入。

2.2.5　收益分配表现形式

自然资源资产收益分配的表现形式大致分为五类：租、税、费、利、金。具体来讲，"租"，即为政府凭借产权主体的身份，因出让、出租自然资源资产而获得的收益。"税"，顾名思义指"税收"，从公共财政的角度看，税收是由于政府的政治职能、经济职能、社会管理职能需要一定的财力支撑，依据相关法律规定及标准对纳税人的经济收入实行强制征收的一种手段。"费"，主要指政府向特定对象提供特定服务所收取的行政性费用。"利"，是指自然资源资产作价出资或折股参股的企业凭借国有资本的所有权，即出资者所有权而获得的税后利润、股息[①]、红利[②]、股权转让收入和依法取得的其他投资收益，其本质是政府作为所有者享有由自然资源资产形成的资本衍生出的收益剩余所有权。"金"，则是指与各类资源相关的基金，如国有土地收益基金、农业土地开发基金、石油特别收益金及船舶油污损害赔偿基金等。

2.3　自然资源资产收益分配的理论基础与衍生

　　自然资源资产收益分配的理论支撑一直是国内外学者研究相关问题时探究的焦点，结合目前相关理论的研究近况，学者们大多从产权、委托代理、效用论等视角来阐释自然资源资产收益分配的相关论据。本书基于前人的探索基础，从国家主权理论、马克思主义财产权学说、收益分配代理理论、权利限制理论等四种基础理论对自然资源资产收益分配进行探索分析。

2.3.1　国家主权理论下的自然资源资产收益分配

　　国家主权理论在对自然资源资产收益分配的研究过程中，合理展现出国家如何起源、何为本质及政府享有自然资源资产收益分配的科学性。马克思指出："国家就是最高的地主。在这里，主权就是在全国范围内集中的土地所有权。"[③] "它来自和一种自然力的利用结合在一起的

---

　　① 股息是公司股东依据股本所有权获得股权收益的形式，优先股股东先于普通股股东进行分配。
　　② 红利分配于普通股股息分配之后进行，股息与红利的分配方式的适用对象为资源型国有企业。
　　③ 马克思. 资本论：第三卷（下）[M]. 中共中央马克思恩格斯列宁斯大林著作编译局，译. 北京：人民出版社，2008.

劳动的较大的自然生产力……这种自然力是一种可以垄断的自然力，就像瀑布那样，只有那些支配着特殊地段及其附属物的人才能够支配它。"①根据这一原理，不难看出国家主权是一国处理内外事务的最高权力，且依赖一定的物质实体（土地财产）而存在。因此，对于在我国主权领土范围内、由自然界天然形成，并且能够为社会带来福利的一切资源性资产，国家都享有终极所有权。

在社会经济发展过程中，对于国家主权给企业带来的是一种能够弥补市场失灵的补救措施，还是实现国家经济自主和战略发展的政治干预，理论界一直无法界定清晰。

一些学者认为，国家主权为政府对国有企业的控制及干预提供了先天条件，在国有企业为利润与政府进行博弈时，往往会放弃经济目标，导致企业经营的低效率。由于民营企业对管理者的监督以经营绩效为衡量标准，其对于专业经理人的需求更高于国有企业。而政府直接控制国有企业的经营方向、更改其社会职能的终极目标是实现自身的政治晋升（Nellis，1994）。在官员实现政绩的途径中，所在地区的充分就业状况是衡量其政绩的重要指标，而国家主权为国有企业增加劳动力提供了便捷通道（Boycko，1996）。在雇用劳动力的对象选择上，政府也更偏好与政府相关的人员，排斥专业化人员（Fama，1983）。在此过程中，政府会产生"寻租"行为，侵占国有企业相关经济利益（Fan，2007）。至此，我们能够大致了解国有企业低效率经营的原因，譬如国家主权的偏向性、片面的市场监督、双方经营方向的冲突和由官员业绩引发的行政干预等。

也有学者认为，国家主权带来的国家所有权对于企业参与市场竞争并无显著影响，因此国有企业的低效率问题并非完全由其导致。在研究过程中，Yarrow（1986）发现英国国有企业在完成改制后，相比之前的绩效水平主要以市场波动影响为主，提出国家主权对于改革并非想象中那么重要。但是，如果国有企业改制之后并未有效提高经营效率，那么改革的视线应落在如何减轻国有企业既有的政策性负担上（Cook and

---

① 马克思. 资本论：第三卷（下）[M]. 中共中央马克思恩格斯列宁斯大林著作编译局，译. 北京：人民出版社，2008.

Kirkpatrick，1988）。过重的政策负担会制约国有企业参与市场化竞争，也会无法辨别低效的经营管理到底是因何而起。

马克思首先提出国家资本的概念，是指政府作为生产资料所有者，投入在物质生产领域的资本。国家资本是社会资本的重要组成部分，也是资源型国有企业发展的内在动力。国家主权理论决定了国家（政府）拥有生产资料的合理性和天然性，对于资源型国有企业而言，"承认和保护资本所有者对其资本的所有权，是建立股份制企业的前提，同时也是建立大型国家生产机构和交换机构的前提，而中央与地方政府作为国家所有者代表，享有自然资源资产财产权具有深远的现实意义"①。

第一，国家主权理论指出了生产资料公共占有的历史必然性。国家财产权的发展趋势不是实行产权私有，但生产资料的公共占有程度要根据劳动社会化的发展程度来决定。我国尚处于社会主义初级阶段，市场经济发展还远没有达到高度发达的程度，劳动者之间的联合合作的程度也较低。在此情况下，以公有制为主体，多种所有制并存并共同发展有其必然性和理论依据。

第二，国家主权理论指出国家占有自然资源资产的本质是为促进社会生产力的加速发展。国家拥有财产权即要按照生产力发展的客观要求，通过国家对经济运行的调节控制，消除社会生产的无政府状态。同时，我国坚持进行经济体制的改革，更加符合在市场经济条件下社会生产力发展的要求。

第三，国家主权理论认为生产资料国家所有是渐进推动的并把快速增加生产力总量作为重要的任务。我国面临的现实经济发展矛盾需要进行产权制度的改革、明晰资源型国有企业的产权关系、优化财产所有制结构和建立以国有经济为主导的混合型产权结构，能够为自然资源资产的利用与资源型资本的发展争取更为广阔的空间。

马克思在分析资本主义积累的历史趋势时指出："一旦劳动者转化为无产者，他们的劳动条件转化为资本，一旦资本主义生产方式站稳脚跟，劳动的进一步社会化，土地和其他生产资料的进一步转化为社会地

---

① 李松森. 中央与地方国有资产产权关系研究［M］. 大连：东北财经大学出版社，2006.

使用的即公共的生产资料，从而对私有者的进一步剥夺，就会采取新的形式。"①这说明包括土地在内的一切生产资料未来所有权形式是国家所有。"生产资料按其性质可划分为天然生产资料和人工生产资料，其中，天然生产资料是指国家凭借生产资料所有权所开发、利用的资源性资产。"②（本书仅考虑天然生产资料）政府在对天然生产资料的开发过程中，会对其投入资金、技术加以改造，将自然资源性资产转化为由国民享有的一般生产条件和一般生活条件。在市场经济条件下，一般生产条件和一般生活条件除表现为企业生产场所、生产空间和社会成员生存条件、生存空间外，还具体表现为外交平等、主权独立和国家机器正常运转的政治环境，经济稳定、经济结构优化、企业生产和居民生活基础设施完善的经济环境，社会秩序良好、医疗制度、教育制度、国民福利等一系列制度健全的社会环境。异化后的天然生产资料本质上都属于一般意义上的公共产品。可见，国家享有资源性资产终极所有权既是国家经济主权的体现，也是政府履行其各项职能的前提与保证。

2.3.2 马克思主义财产权学说的运用

财产权利的基本内涵指财产权是财产所有者的权利，即财产所有者任意支配其财产的权利。马克思提出，无论在何种情况下，财产也是权力的一种表现形式。经济学家将资本称为"支配劳动力的权力"。因此，现实中有两种权力："一是政治权力，即国家力；二是财产权力，即所有者力。"③马克思还认为，财产权是一种财产所有者能够任意支配其有所有权的财产的权利。也就是说，事物之所以能够被称为财产，是因为其与所有者之间存在所有与被占有的关系，一旦这种关系消失，事物的所有权将不再归该所有者所有。

财产权的特征是对财产权利内在规定性的概括。首先它是一种独占权或是垄断权，具有排他性，排斥一切除所有者之外的人对所有者财产实施干预。其次财产权是一种能够获得收益的权利，鉴定所有者是否拥

① 马克思. 资本论：第一卷（下）[M]. 中共中央马克思恩格斯列宁斯大林著作编译局，译. 北京：人民出版社，2008.
② 李松森，孙晓峰. 国有资产管理 [M]. 大连：东北财经大学出版社，2013.
③ 马克思，恩格斯. 马克思格斯选集：第一卷 [M]. 中共中央马克思恩格斯列宁斯大林著作编译局，译. 北京：人民出版社，1973.

有完整财产权的核心标准即为其是否能够获得收益。在解释地租理论时，马克思对于地租的认识"基于土地所有者出租土地所获得的一定物质回报"[①]。即使财产的物质实体表现形式有所不同，但依据财产所有权获得收益的权利是一样的。只有能够给所有者带来收益的物质，才能被称为真正的财产。

马克思财产权学说认为财产所有权是由法律确认和保护的、财产所有者对其财产所享有的权利。财产所有权是所有者享有收益权的前提条件，而收益则是财产所有者实现所有权的经济形式，这里体现财产所有权的经济形式大致有三类：

一是工资。工资是劳动力所有者实现所有权的经济表现形式。对于劳动力所有者而言，工资是其凭借劳动力，在与生产资料结合过程中获取的必要产品价值，属于补偿价值的一部分。

二是利润。利润是资本所有者实现所有权的经济表现形式。资本对于资本所有者来说代表一定的收益，是资本所有者凭借资本所有权从资本占有者处获取的一定量的剩余价值。

三是地租。地租是土地所有者实现所有权的经济表现形式。马克思指出："土地对于土地所有者而言仅仅是货币税的一种形式，凭借其垄断权，从产业资本家即农场主那征收而来……如此，土地所有权即被赋予纯粹的经济形式。"[②] "作为租地农场主的资本家，为获得在特殊场合使用自己资本的权利，要在一定期限内按合约支付给土地所有者一定的货币额。这里的货币额，不管是为耕地、矿山、渔场、森林等支付，统称为地租……地租是土地所有权在经济上实现增值价值的形式。"[③]因此，土地所有权是地租收益的实现基础，土地所有者依据其对土地的独占权获得地租。

马克思主义财产权学说揭示了市场经济条件下产权关系的一般规律和内在规定性，著名经济学家刘国光教授（2005）认为："中国需建立

① 马克思. 资本论：第三卷（下）[M]. 中共中央马克思恩格斯列宁斯大林著作编译局，译. 北京：人民出版社，1975.
② 马克思. 资本论：第三卷（下）[M]. 中共中央马克思恩格斯列宁斯大林著作编译局，译. 北京：人民出版社，1975.
③ 马克思. 资本论：第三卷（下）[M]. 中共中央马克思恩格斯列宁斯大林著作编译局，译. 北京：人民出版社，1975.

社会主义市场经济，坚持公有制为主体，这些都需要马克思主义的政治经济学思想加以指导。"①辩证地看，马克思通过研究资本主义社会资本的生产过程、资本的流通过程和资本主义生产的总过程，不仅深入系统地分析了资本主义经济的运行规律，阐释了资本主义社会的生产资料所有制理论，并揭开了资本主义背景下产权关系的面纱，构建了新型产权理论体系，开创了马克思主义产权理论的新时代。因此，马克思阐释的所有制理论实质上将财产权基本理论和财产权规律的内容都涵盖在内，是对现代社会财产权规律的客观总结。

马克思主义财产权理论对于财产权内容讨论得较为全面，主要涵盖财产权主体以何种形式实现产权、权利束的权能关系、财产权主体以何种方式实现收益权及权利束的构成形式，并以增强生产发展动力为原则。其研究对象是社会经济活动中财产主体拥有的财产权利及财产主体之间的财产权关系。马克思财产权学说阐述了财产权内涵，财产权利受法律保护规律，财产所有权、占有使用权同监督管理权三权分离规律，财产权表现形式规律，财产权关系一定要适应生产力发展的规律，揭示了经济发展所决定的财产权关系的内在规定性。马克思始创的财产权理论无论是在揭示资本主义财产关系的本质方面，还是揭示财产权一般规律方面，都是全面又深刻的。

马克思的财产权学说指明了现代财产权理论的发展方向，展现在市场经济规律下产权关系的内生要求，并与扩大再生产的客观要旨相呼应。对于我们争取认识市场经济条件下的财产权规律，按财产权规律的客观要求，建立现代产权制度，推动社会经济发展具有重要的指导意义。

根据马克思主义的财产权理论，在社会主义市场经济条件下，客观存在土地财产所有权、资本财产所有权和劳动力财产所有权，也客观存在与各产权主体所对应的财产权关系。土地财产的所有权形式是国家和劳动群众集体所有；资本财产的所有权形式是国家、集体、个人、法人、外商分别所有；劳动力财产的所有权形式是劳动力所有者独立拥

---

① 刘国光. 经济学教学和研究中的一些问题 [J]. 经济研究, 2005 (10): 10-18.

有。国家和劳动群众集体所有的土地财产生产要素在经济发展中的角色是直接生产要素、间接生产要素（一般生产条件）和间接生活要素（一般生活条件）。因此，决定了土地财产权主体——国家和劳动群众集体组织——在社会生产中的至高无上的地位和绝对的权威，决定了国家代表全民以国有土地的占有使用权交换劳动力所有者生产的剩余产品，以税收形式获得土地补偿价值和产权收益，用于一般生产条件和一般生活条件的简单再生产（一般生产条件和一般生活条件的补偿）和扩大再生产（一般生产条件和一般生活条件的改善），反映了在全民利益一致基础上的社会产品分配关系。各种经济成分所有的资本财产要素在生产中所起的作用是提供生产出来的生产资料，因此，决定了资本财产权主体在社会生产中不可或缺的重要地位，决定了资本财产权主体依据资本所有权以缴纳税收和支付工资的形式交换土地和劳动力的占有使用权，以补偿基金和利润形式获得生产资料转移价值和剩余价值，用于生产资料的简单再生产和扩大再生产，反映了资本财产所有者依据资本所有权参与社会产品分配的关系。劳动力所有者所有的劳动力财产要素在生产中所起的作用是生产必要产品价值和剩余产品价值，因此，"决定了劳动力财产权主体在社会生产中的能动和决定性的地位，决定了劳动力财产权主体依据劳动力所有权以生产剩余价值和缴纳个人税收的形式交换生产资料和一般生活条件的占有使用权，以工资形式获得必要产品价值用于劳动力的简单再生产和扩大再生产，反映了劳动力所有者依据劳动力所有权参与社会产品分配的关系"[①]。

这些财产权主体被赋予的权利、义务和责任，是社会主义市场经济发展对和谐财产权关系提出的内在规定性，是财产权规律的客观反映。我们可以按照马克思主义财产权学说所揭示的内在规定性和财产权规律，对在社会主义市场经济条件下的产权要素、产权收益形式、产权关系等作科学的界定，进而做出符合生产力发展要求的调整，制定相关的政策，完善相关的法律法规，调整财产权关系，推动生产力的发展。

依据马克思主义财产权学说投射自然资源资产的中央与地方政府间

---

① 李松森. 中央与地方国有资产产权关系研究 [M]. 大连：东北财经大学出版社，2006.

关系中，我们需要探索两者之间的权能关系，一是有利于自然资源资产所有权和占有使用权的实现。收益权是财产权的一项重要权能，资源性资产收益是自然资源资产所有者和占有使用者兑现权利的经济表现方式。所有者拥有资产所有权和占有使用权的根本目的，就在于获取产权收益。自然资源资产收益权是国家凭借所有权和占有使用权参与社会产品分配的权利，是能够证明国家作为出资人的前提条件。保障自然资源资产使用的可持续性，实现自然资源的有偿使用与占有，是国家自然资源资产管理的核心内容；维护国家收益权，确立中央政府在收益分配中的主体地位，是确保国有资产所有者和占有使用者权益的根本要求。二是有利于权、责、义务三者合一。权利、责任和义务相统一是使国家自然资源资产管理体制行之有效的内在规定性，也是改革中央政府与地方政府资源性资产收益分配格局的重要原则。长期以来，地方政府虽然对自然资源资产拥有实际的占有使用管理权，也享有部分收益权，但实践中尚未有确定法律规定，地方政府对于大量额外流入的财政"外快"，缺乏科学、合理的监督管理动力，普遍存在着短期行为。因此，对自然资源资产的现有存量、已使用情况毫无头绪，甚至出现所有者虚位，资源性资产流失严重的问题。我们应赋予地方政府代表国家出资人的身份，并给予其完整的财产权利，划定合理的收益分配制度，从源头上有效控制这一问题的出现。而被赋予国家出资人身份的地方政府，既享有出资人的资产收益和管理者权利，也要承担代表全民、代表中央政府履行其应尽的职责和义务，激励与约束并行的政策有利于地方政府发挥其主观能动性。三是有利于遵循财产权收益分配规律。财产权收益分配规律是市场经济正常运行的基本规定性之一。它要求财产的所有权、占有使用权和监督管理经营权与收益权相对应，并受到相关法律法规的保护。对于自然资源资产来说，各级地方政府拥有资源资产的部分财产权利，凭借所有权、占有使用权等各项权能参与利益分配，具体数额与所享有的权能相互匹配。在中央与地方政府的收益分配格局中，应当切实加强各级地方政府享有相应的收益分配权能，平衡两者之间的利益关系，改变自然资源资产收益主体缺位和虚位的局面。

2.3.3 收益分配代理理论的启示

在经济交易关系中，经济主体之间由于经济利益的如何分配慢慢产生一种恒定关系，这种关系可以被称为"收益分配"，它是支配经济主体做出经济行为的原动力，也是实现社会再生产的必要前提。中外学者在研究财产权关系的问题中，焦点之一即是如何在经济主体之间以科学、合理的标准划分收益，以期达到市场资源的"帕累托最优"状态，助推社会经济的发展势头。但社会经济的发展有其特有的阶段性，各国研究者的思想理论因受经济发展水平影响，提出的关于收益分配的学说也会带有经济发展阶段的时代特征。

欧洲文艺复兴时期，一部分西方学者提出，社会财富依靠商品、货物交易中的价格与成本的差额而产生，拥有大量差额的商人被认为是社会物质资本的缔造者。由于这种思想的广泛传播，以法国为首的几个国家转而重视第二产业的快速发展与崛起，却忽视了第一产业的基础性作用，导致社会经济发展动力严重不足的后果。至此，法国经济学家改变经济思路，认为社会财富的增加只能通过物质劳动实现，并非是单纯依靠商业的一蹴而就，只有第一产业才是经济发展的根本保证。因此，重农主义学派认为应摒弃商业创造财富的观念，而从事第一产业的农民应获得更多的劳动报酬。出乎预期的是，在土地总数量不变的基础上，社会财富总量出现大幅提高，依据现实的社会经济发展状况，当时的学者们提出，这些新增社会物质财富虽不能从第二产业甚至第三产业中产生，但参与社会化大生产的物质实体的物质形态已发生变化，如果从这个角度出发，社会资本的增加来源于劳动者改造自然的过程，在此过程中产生了社会财富，从此劳动价值论应运而生。

1776 年，亚当·斯密完成《国富论》一书。书中全面论述了"社会财富的实现关键依赖劳动力要素，这是劳动价值论的核心观点。"[①]与此同时，他还系统阐述了交换价值和剩余价值的来源与构成，具体来讲，前者的本质是由地租、工资和利润三者决定的，直接反映于商品的

---

① 斯密. 国民财富的性质和原因的研究 [M]. 郭大力，王亚南，译. 北京：华夏出版社，1981.

交换价值，后者仅涵盖地租和利润，即交换价值和剩余价值之间的差额即为劳动者工资部分。

李嘉图在斯密分配理论的基础上进行了继承和发展，分析并阐释了其理论观点。他提出，土地所产生的收益应在相应权利主体间进行分配，此处的权利主体应为土地所有者、劳动力所有者和资本所有者，其中土地所有者对应的收益形式为地租，劳动力所有者对应的收益形式为工资，资本所有者对应的收益形式为利润。李嘉图对于经济主体以何种形式进行分配做出了规范，但他认为不同社会发展阶段中，三者利益分配存在较大差异性。在李嘉图的思想中，翔实阐明了土地所有者、劳动力所有者和资本所有者三者获得收益的理论来源，土地客观存在的生产力和肥力为使用者带来收益，而土地所有者获得的报酬则以地租表现；劳动力价格是劳动者赖以生存的最低价值标准，即维系生活的必要货币额，这里指工资；剩余价值是资本的收益表现形式，是总产品价值去掉劳动力价值的部分，政府会强制收取一定比例作为税负。在随后的分析中，李嘉图发现产品价值会随着生产资料和劳动力价格的浮动而变化，即社会物质总财富和生产力对应提高时，产品价值相应减少，社会物质总财富和生产力对应降低时，产品价值相应增加。在分析使用价值和交换价值两者关系的过程中，李嘉图察觉到两者呈反向变化关系。当社会生产力呈现增长状态时，商品交换价值随之降低，但使用价值仍维持原状，说明交换价值和使用价值是有机分离的。他还提出，当劳动力价格提高时，会出现劳动力数量大额增加的现象，而如此一来又会引发劳动力价格跌落。此时，劳动者获得的工资报酬仍是赖以生存的最低价值标准。同理，当利润大幅增加时，会出现资本投入大额增加的现象，而此时又会引发利润有所回落，照此趋势资本的利润报酬是下降的。值得注意的是，土地价格的上涨不会引起土地数量的增加，因此地租的上涨趋势处于稳定状态。由此可知，市场供求关系对于地租、工资和利润有决定性作用。

同时代的法国经济学家萨伊提出了与李嘉图不同的理论观点，萨伊在《国富论》基础上对劳动价值理论进行了修正与延伸，创立了效用价值论。萨伊将土地、劳动力、资本称为社会生产的"三驾马车"，在参与社会化大生产的过程中形成商品效用，附着于商品之上。萨伊坚信土地价格、劳动力价格和资本价格完全由各自的供需数量决定，若土地和劳动力的数量高于其需要的资本数，那么资本对应的利润率就会提高。他认为地租是土地占有使用者的付出成本，工资是劳动力使用者的付出成本，利息是资本使用者的付出成本。

此后，西方主流经济学研究者基于古典学派的观点，提出生产要素不仅仅只有土地、资本、劳动力三者，还包括科学技术、人力资本、不断更新的知识以及企业家的管理才能等多方面，这些生产要素依据产出贡献度按劳分配。1870 年以来，边际效用价值理论开始萌芽，支持该理论的学者认为土地所有者、劳动力所有者和资本所有者应依据各自效用实现收益分配，不应差别对待，以商品的边际效用决定其终极价值。马歇尔提出一种观点，该观点表示正因为生产要素之间的协同合作，才能够创造出社会财富，也就是说生产要素之间应维系不可分离状态的关系才能有财富的增长。这里的生产要素涵盖土地、劳动力、资本、组织等四类，其中地租是土地的经济表现形式，工资是劳动力的经济表现形式，利息是资本的经济表现形式，组织是指企业家才能，利润是其经济表现形式。这些经济表现形式以价格表示，价格的高低由各生产要素的供需状况决定，以价格确定要素数量，最后再依据数量在生产要素之间分配要素收入。克拉克沿袭已有经济学思想，提出边际生产力的新概念，创立了边际生产力分配学说。他认为对于社会生产活动而言，所有生产要素在生产活动中都有其所属的角色定位，产生一定的作用力，因此任何生产要素都应获得与贡献度对应的投入回报，即生产要素的边际生产力决定其产品价值及收益报酬。这里，因为工资是劳动力的经济表现形式，利息是资本的经济表现形式，克拉克在分析资本时提出资本的范围应涵盖包括土地在内的一部分生产资料，因此资本所有者获得的收入应分为平均利润和超额利润两部分。

从 1930 年开始，西方经济学家不再以传统思维讨论生产要素，转而以宏观分配的视角进行分析收入的分配额度及额度变化的决定要素，但这种宏观视角并未完全从当时已有的微观分配学说中抽离，而是通过微观经济学中生产函数的分析方法，兼有边际生产力理论内容为模板，构建宏观视角下的总量生产函数。以该理论分析为背景，萨缪尔森借助边际生产力理论，分析提出劳动者工资等价于劳动力的边际产品，地租等价于土地的边际产品，利息则等价于资本的边际产品，所有产出应刚好用于所有生产要素的投入分配。"彼此依赖的生产要素有效达到需求和供给平衡状态时，土地、劳动力和资本的各类收益将通过合理的形式产生。"①罗默以劳动力、技术、资本、知识作为要素分配的分析对象，创建了全要素分配理论。该理论阐释了不同阶段的生产要素所体现的价值效用是存在差异性的，即使所有生产要素处于同一时期，但只要是阶段不同，价值增值过程就可能出现差异。罗默以这些可能存在的差异问题为研究焦点，通过分析认为当各生产要素要求获取剩余索取权时，剩余收益的数量取决于这些可能存在的差异，同时以此为标准实现收益分配。全要素分配理论强调知识作为生产要素的重要性，认为增加投资回报只是知识的作用之一，更重要的是使各生产要素之间能够良性互动与合作，优化社会生产力效率。

到 1950 年，股利理论由 Lintner（1956）研究提出，此后"股利无关论"也被相关学者提出，至此股利分配理论迎来开创的新时期。Miller（1961）分析指出，根据已设定的假设条件，任何股份制企业的价值实现完全取决于管理者的盈利能力与投资决策的选择，无论股利的影响如何，都会被企业的其他融资经济行为所替代。因此，企业价值无关股利政策的变动，即无论股利政策如何更改，政策效果都是相同的。现代股份制公司的股利政策选择行为被 Black（1976）称为"股利之谜"（Dividend Puzzle），研究者为揭开谜底提供了很多阐述股利分配的学说，其中收益分配代理理论的影响最为深远。

收益分配代理理论阐释了股权结构变动的条件下，股利政策将如何受到影响。讨论之前需明确两个理论背景条件：一是信息不对称背景。经济人都是理性的，在这种前提下，企业股东、管理者、债权人都不以效益最大化为个人目标，相互之间存在显著差异。二是客观存在的代理成本（Jensen and Meckling，1976），这类成本涵盖代理者为企业付出的

---

① 萨缪尔森，诺德豪斯. 经济学 [M]. 胡代光，等，译. 14 版. 北京：北京经济学院出版社，1996：423.

担保成本、可能损失，还有委托者的监督管理成本，这种成本存在为企业带来收益的可能，处于"帕累托最优"状态下的委托者和管理者所产生的边际成本应等于其产生的边际收益。

Rozeff（1982）是以代理成本视角研究收益分配政策的第一人，他提出企业内部股东持股比例与股利支付率呈负增长关系，并表明企业能够借助收益分配的方式降低代理成本，Rozeff 给出了三点原因：一是目标的制定能够对企业管理者产生无形的压力，使其保证有充足的现金流；二是激励企业管理者寻求外部融资；三是指导企业管理者扩大对盈利项目的资金投放规模。此后，研究者逐步考虑将企业收益分配政策融入代理成本理论中，收益分配代理理论的核心内容主要由 Easterbrook（1984）和 Jensen（1986）研究提出。从企业内部管理角度出发，自由现金流假说是指如果企业内部留存数额较大的自由现金流，通过收益分配的方式能够减少企业管理者可支配的现金流数目，进一步降低其做出盲目扩张、投资决策失误、公款消费等行为的概率（Jensen，1986）。从企业外部市场角度出发，Easterbrook（1984）研究证实长期提高企业收益分配政策的实现程度，能够推动企业管理者积极寻求市场融资，在此过程中，资本市场的严格监督会约束企业管理者自身管理行为，降低经理人以自我利益最大化为原则做出投资决策而产生的代理成本（Jesen，1986）。在此之后，收益分配代理理论都是基于 Easterbrook 和 Jensen 的思想，譬如 Grossman 和 Hart（1980）、Lang 和 Litzenberger（1989）、Lie（2000）共同的观点在于收益分配制度是企业管理者与股东之间的一种"政策缓冲地带"。Shleifer 和 Vishny（1986）揭示出股份制企业的最大股东理应承担对管理者的监督工作，有效缓解利益冲突。由股份持有最多的股东担任监督者，能够使监督工作更易开展，也更易使人接受，从而实现企业价值的增值。由此，当企业存在大量现金流情况下，董事会有充分动机任命持有股份多的股东在企业担任要职。

在我国，国家自然资源资产产权是由所有权、使用权（经营权）、收益权和处置权构成的一组权利束，界定产权制度是否完善是自然资源资产管理体制改革的核心。在这组权利束中，所有权是界定资源性资产归属的标志，是所有者（国家）实现其权益的内核，其他权利都由它衍生而来；使用权和处置权是产权主体（国家）获取财产权益的方式及手段，也是实现资源性资产价值的必要前提；收益权是界定资源性资产产权的终极目标，谁拥有，谁受益，无收益权的财产权是毫无意义的。富有效率的资产产权制度表现为所有者权能完整且具备明晰的权能界限，享有自主的使用权和处置权，并拥有与权能相匹配的收益权。传统的资源性资产管理体制效率低下的关键因素在于财产权能不完整。因此，明晰政府作为自然资源资产所有者的收益，提高资源配置效率，促进资产价值收益在各权能主体之间合理分配，最终实现帕累托最优状态是研究自然资源资产收益分配制度的主要内容，也是深化社会主义市场经济管理体制改革的重要组成部分。

2.3.4　权利限制理论的演绎及衍生

权利是权利主体享有的具有一定法律效力的利益，由法律范围内的利益和权利主体的行为自由构成，但权利主体享有权利是以不侵犯他人权利为前提的，否则就是在剥夺他人的权利。费希特（2004）指出，在一切情境下，无论是谁，都必须承认除自己之外的所有人为自由存在者，换句话说，行为个体必须以他人的权利边界来约束自己的活动范围。由此可知，权利边界无所不在。若以利益大小为标准衡量，权利边界是指法律范围内规定权利主体所能享受的利益最大化，由权利主体的权利内容与权利客体限制性来表现。若以自由的视角，权利边界是指法律范围内规定权利主体的行为自由最大化，通常由约束权利行使的动机和方式来表现。因此，权利边界和权利限制相互依赖、缺一不可。权利边界是权利限制的先决条件，权利限制是权利边界更好实施的助推手段。本质上，法律对权利实行约束是为了让人们更好地享有并行使自己的权利。

理论界对于权利限制一直有不同的观点。有些研究者认为，权利限制又称权利设限，可以简单地定义为对人权的界限，是为了权利主体在行使权利过程中避免造成权利冲突。有些研究者认为，权利限制是指法律将一部分实为侵权行为的动作规定为正常行为，那么此类行为即为专权控制下的行为例外。有些研究者还提出权利限制是为实现对权利主体、权利行使及客体的约束而制定的权利边界。综合看来，我们认为权利限制有其存在的必要性，一方面对权利（利益）主体的行为自由进行约束，另一方面各权利（利益）主体享有的多样化利益需要权利限制为其提供边界。

一般而言，权利限制理论分为两种：外在权利限制理论和内在权利限制理论。外在权利限制理论的代表人物 Friedrich Kein（2007）提出，早在国家和法律存在之前，权利便已存在，而权利范围的设定即划定权利边界，法律仅在权利外部设置约束条件。虽然客观上说，权利本应划定边界，但权利本身能以不受限状态客观存在，因此权利与自然受限并无关联。只有在某特定权利主体需与社会其他权利主体共享利益时，才会要求权利限制（Robert，2002）。内在权利限制理论首次出现在德国法律中，《德国基本法》规定，权利主体的所有权能内容与受益范围受到法律保障和监督，其承担的所有义务都应为公共福利服务。基于公共利益角度，合理范围内的权利应具备法律支持性，并展现其效力（王泽鉴，2009）。

外在权利限制理论的存在前提是资源具有稀缺性、个人利益与集体利益相互协调。其主张权利主体享有权利的独立性，无附加义务条件，法律的束缚是其外部因素。内在权利限制理论的存在前提是权利主体社会性及交易需要。其主张权利主体所承担的义务是附属于权利内涵的，个人利益与公共利益应实现完美契合（Lametti，2003）。简单地说，区分这两种理论可以立场不同为准则，坚信个人主义（权利本位）的人们倾向外在权利限制理论；坚信集体主义（社会本位）的人们则倾向内在权利限制理论。

一个国家是否对权利进行限制，以何种形式进行限制，与这个国家的社会体制、经济发展状况、法律健全程度等方面息息相关。我国目前的社会经济制度是以公有制为主体、多种所有制并存的社会经济制度，我国在相当长的一段时期内在自然资源资产开采利用领域都采用无偿行政划拨方式，一定程度上自然资源资产使用权能的经营者权利未得到确认，造成开发经营者利益受损。而在自然资源资产体制慢慢完善过程中，个人权利的确认和某些地方政府的寻租行为，又导致公权力被过分侵入，矿业权人所得到的收益远远高于本应由政府或所在地居民获得的收益，在房地产、矿产、煤炭等资源行业萌发大量投机者，将国家资源转化为私人财富，在成为富豪的同时，极大地损害了国家所有者权益。这两种历史阶段的事实说明权利限制需客观存在，无论以何种方式，其终极目标都是平衡中央政府、地方政府、资源型国有企业和居民四类权利主体的利益，以期呈现社会公平的状态。

2.4　本章小结

本章对自然资源资产收益分配的相关概念范畴、核心要素及理论基础进行阐释，为后续论证自然资源资产收益分配的问题归结、整体性框架与目标校准奠定坚实的基础。

第一，本章对与自然资源资产收益分配相关的自然资源、自然资源资产、资源型国有企业、国有资本、自然资源资产收益分配等概念进行阐释，联系本书的研究宗旨，进一步廓清自然资源资产收益分配的核心要素，分析收益分配主体、客体、方式、表现形式，系统地概括自然资源资产收益分配在当前自然资源资产管理体制下的内涵。

第二，通过检索自然资源资产的相关文献，在已有相关概念分析的基础上，论述自然资源资产收益分配的理论体系。从国家主权理论、马克思主义财产权学说、收益分配代理理论及权利限制理论展开多维探索，分析收益分配与这四种理论的关联，为下文分析提供理论支撑。

3 自然资源资产收益分配的特征与问题

国家自然资源资产不仅是我国国民经济蓬勃发展的物质基础，也是关乎民族福祉、关系民族未来的重要战略因素。从某种程度上讲，如果资源性资产管理处于混沌无序的状态，国家所有者权益和全民利益共享便无从兑现。积极践行十八届三中全会提出的"健全国家自然资源资产管理体制，统一行使全民所有自然资源资产所有者职责"方针政策，有效推动管理体制进一步完善，既是对协调、绿色、共享发展理念的体现，也是全面建成小康社会宏伟目标的潜在需求。现阶段我国持续出现的自然资源资产无序配置、资产大量流失以及生态空间环境恶化等问题，主要原因在于政府长期对资源性资产的弱化管理，直接映射出现行自然资源资产管理体制的缺憾。而国家自然资源资产理念的提出，既是对我国传统经济快速增长模式的系统反思，也是对未来经济发展路径和框架优化的设计萌芽。

3.1　演进轨迹、现状解构与我国自然资源资产收益分配

　　对自然资源资产收益分配的演化轨迹进行梳理是自然资源资产收益分配问题的重中之重。在评析实践模式及轨迹的基础之上，对我国自然资源资产的制度沿革进行归纳，并对现状进行解构，尝试总结出我国自然资源资产收益分配的基本特点。

3.1.1　自然资源资产收益分配的初始界定及其背景（1949—1977）

　　自中华人民共和国成立以来，我国自然资源资产收益分配制度经历了从无偿使用到有偿使用的转变，1954 年颁布的《宪法》规定："矿藏、水流，以及由法律规定为国有的森林、草地和其他自然资源，皆属于国家所有。"[①]由此可见，自然资源资产产权的国家所有是收益分配制度的基础与前提要素。我国的自然资源资产产权的确立是在推翻旧法统确立的自然资源资产私有制进而形成自然资源资产公共产权制度的背景下建立的，与各国的收益分配实践相较而言，我国的自然资源资产收益分配更具有深刻的制度内涵。无论是辛亥革命，还是民主革命，都是将重新分配土地作为基本核心追求。溯至中华人民共和国成立，我党将这种诉求逐步地通过法定形式确立，在实施将自然资源资产收归国有、土地改革等一系列改革后，自然资源资产的共有产权及其收益分配制度的雏形最终得到了确立。在经济建设初期，由于缺乏经济建设的一系列经验，我国在自然资源资产收益分配制度的选择上基本照搬了苏联的自然资源收益与分配的模式。然而，相对于苏联单一的自然资源资产全民所有制，我国改用更为灵活的自然资源全民所有及集体所有两种形态，在收益分配的安排上仍然以自然资源资产全民所有为主。

　　20 世纪 50 年代至 70 年代，我国自然资源资产收益分配的制度安排与当时的生产力水平及管理能力匹配度较低，引致了自然资源资产收

---

　　①　具体规定详见 1954 年《宪法》第五条、第六条、第七条。

益和分配的低效率运行，具体表现为以下几点：

首先，在此期间，虽然宪法对自然资源资产的主导地位及其范围做出了规定，可单项自然资源资产的法律尚未启动，因此对于自然资源资产收益与分配的依据更多地来源于政府行为。在经过自然资源资产限制流通、取消限制商品生产交换等一系列探索之后，作为一般生产资料的自然资源资产仍然被排除在商品交换之外。然而，自然资源资产若不是商品，资源的价值及配置效率也就无从谈起，因此资源无价和资源产品低价的问题成为困扰我国经济增长的长期难题（安晓明，2004）。

其次，国家各级行政部门成为自然资源资产收益分配的唯一主体。由于具体法律体系的缺失，早期的自然资源资产的收益分配的管理主要表现为行政管理的方式。虽然经过了不断的尝试与改革，各级行政部门在向厂商供给、分配资源时，通过计划及指标直接决定企业的经营管理状况。资源收益分配的行政管理代替了产权式管理，从一定程度上直接破坏了产权收益追逐经济效益的内在动力（王万山，2002）。

再次，企业成为国家自然资源资产经营的加工厂。国有资源型企业是我国自然资源资产开发与生产的核心，拥有先天有利的资源禀赋条件，但各级政府对企业经营管理进行全方位的政治干预和经济干预。与此同时，国有资源型企业与其他类型的国有企业相比更缺乏成本约束，仅仅是在各级政府部门的授权下进行价格考量，并没有对成本进行具体量化，所以此阶段的国有资源型企业成本意识和逐利动力均较淡化，无论经济效益还是社会效率都是处于较低的态势。

最后，由于具体法律法规的缺失，国家在对自然资源资产的实际管理中无法从整体上统筹和管理，再加上使用主体的积极性和创造性并未被有效激发，导致诸多资源遭到浪费，甚至被严重地破坏，形成了较为混乱的局面。

3.1.2 自然资源产权法定与收益分配探索阶段（1978—1993）

20 世纪 70 年代末至 90 年代初，这一阶段主要以自然资源资产产权的法定以及对收益分配进行了一系列的探索。在此期间，我国颁布了以自然资源资产单项法律为结构体系的法群（包含土地资源①、矿产资源②、水资源、森林资源、草原资源等），这些法律法规和规章制度的出台，代表着我国自然资源资产收益分配走上了法制化管理的道路，对当期国民经济的恢复和发展起到了重要作用。

值得注意的是，随着社会经济活动的复杂化和社会主义市场经济的发展，20 世纪 80 年代末颁布的法律法规和规章已不太能适应市场经济的需求，表现出一些不适性，具体表现有：

第一，明确了自然资源资产收益分配中产权主体的二元性前提，即相关自然资源法律法规中规定的所有权主体仅有国家（全民）和集体。宪法对于自然资源资产所有权主体资格的限制及规定，这一"门槛"挡住了多元化主体的进入和参与，自然资源资产的利用效率也会受到一定的限制。刘灿（2009）等认为自然资源所有权主体的二元结构从一定程度上了抑制了自然资源资产与市场经济的契合，影响该类收益水平，进而引致分配态势的问题。

第二，依据相关的法律法规，部分资源型企业对自然资源资产拥有支配权力，主导该类自然资源资产的收益，并根据规定上缴利润与税收。然而，仍然存在着部分缺失问题，资源型企业无偿取得相关资源的使用权与开发权，因此其在使用过程中会忽视自然资源资产取得本应支付的成本问题，随之而来的是自然资源资产的浪费、环境破坏等现象屡禁不止，进而导致自然资源资产收益分配效率的低下。

第三，自然资源资产的相关法律排斥自然资源资产的交易行为，从某些程度上影响了自然资源资产的经济效率。比如《宪法》（1982 年版）规定，任何组织和个人不得侵占、买卖、出租及其他形式非法转让土地资源，在随后的《民法通则》中规定土地资源不得买卖、出租、抵押以及其他形式的非法转让，并在部分单项法律中规定了资源交易中的处罚条款，如 1986 年的《矿产资源法》就买卖、出租采矿权或者进行

---

① 1986 年，我国颁布了《中华人民共和国土地管理法》，并在 1988 年作了一系列修正。以这部土地基本法为核心，包括相关的行政法规，对土地相关的所有权、使用权、经营权都进行了有效规定，尤其是确定土地使用权取得的四种方式：依法划拨、有偿转让、开发取得、复垦获得。

② 第六届全国人大会议通过了《中华人民共和国矿产资源法》，奠定了矿产资源收益分配的基础：所有权、探矿权、采矿权。其中矿产资源具有主体唯一性、客体无限性、权利独立性的特征。

抵押的处以罚款、吊销采矿许可证等处罚。因此，自然资源资产的非交易性，导致了自然资源资产的流动性较低，从源头上限制了收益的多元性和活跃度，降低了资源资产的配置效率，不利于自然资源资产的收益分配及社会经济的发展。

3.1.3　管理体制优化与收益分配法制化方向（1994—2012）

在此期间，自然资源资产交易有偿制度的雏形起源于 20 世纪 90 年代制定的《城市土地管理法》，针对土地使用权的流转制度做出了详细规定，规范了交易土地使用权涉及的出让、出租、转让等经济行为，同时明晰了行政划拨的界限范围。在这之后，国家修订了主要类别的自然资源资产单项法律，其中：《矿产资源法》（1996 年修订）进一步强化了矿产资源国家所有权，在原来矿产资源国家所有的基础上，明确由国务院行使国家对矿产资源的所有权，其他任何单位和个人都无权行使所有权。该举措开启了国家实行探矿权和采矿权的有偿取得制度时代，开采矿产资源必须按照相关规定缴纳资源税和资源补偿费。除此之外，还从一定程度上放松了矿业权交易流转的约束。《森林法》（1998 年修订）明确除了法律规定的集体所有的林木之外，我国的森林资源属于全民所有；还详细规定了森林、林木、林地使用权的部分转让，也可以依法作价入股或作为合资、合作造林等的出资条件，但是不得改变其用途属性；同时在体制、机制方面进行系统而全面的林业收益分配及产权的综合性改革，从收益分配视角出发，确定了农民的经营主体地位，盘活了经营权，落实了处置权，确保了森林资源的收益。《水法》（2002 年修订）将原集体所有的水塘、水库进一步明确为国家所有，但集体可以使用；以法定形式确定了取水权的有偿使用制度。《土地资源管理法》（2004 年修订）主要对基本土地制度作了改动，国家出于公共利益的需要，可以对土地进行征收或者有偿征用；同时对土地资源的使用年限做出了更具体的规定，根据不同用途，分别规定了 30 年、40 年、50 年和 70 年的使用年限。

相对于过去自然资源资产收益分配及产权制度的安排，自 20 世纪 90 年代至 21 世纪，以各类自然资源单项法律修订与补充为标志的我国自然资源资产收益分配制度取得了瞩目的成就，对各类自然资源资产的所有权进行进一步的明确，比如规定了水资源、森林资源和矿产资源的国家所有权制度，并由国务院代表国家行使收益权和分配权。不仅如此，我国还确立了部分自然资源资产的有偿使用与交易制度，例如，对土地使用权、采矿权和探矿权的各类情形进行细化与分类。但是我们也可从中发现，这一阶段中，我国自然资源资产以单项法律为主所确立的自然资源资产收益分配基本制度，依然存在着一些不足与缺失，这些缺憾影响着我国自然资源资产收益分配制度的运行效率，无法完全适应经济高速发展的诉求与标准。

3.1.4 国家治理视阈下的自然资源资产收益分配的立体化 改革（2013— ）

十八届三中全会对自然资源收益分配机制的定位主要有两个方面：一是推进形成合理有序的收入分配格局；二是希冀其发挥再分配调节机制的功能。《中共中央关于全面深化改革若干重大问题的决定》中还提出需要提高国有资本收益上缴公共财政比例，到 2020 年提高到 30%，更多地用于保障和改善民生。值得我们关注的是，《中共中央关于全面深化改革若干重大问题的决定》对自然资源资产收益分配的适用范围已经从国有自然资源领域延伸至国有资本领域，但仍以前者为主。可以了解到的是，一方面，对自然资源资产在中央与地方政府之间的收益分配进行延展式探讨，是目前我国自然资源资产收益分配的重要内容，在推进地区间经济发展、改善资源环境方面发挥着极其重要的作用；另一方面，着力对资源型国有资本收益分配流程与结构进行探析，从企业上缴利润到国有资本经营预算对收益进行二次分配，需要对每个环节中影响收益分配的矛盾与困境进行确认，进而以全民共享为出发点对资源型国有资本收益实现分配，并提出推进资源型国有资本收益分配改革的条件及途径。

然而，这个阶段有三个问题值得我们关注：第一，不均衡的公共资源收益分配格局，主要体现在：资源型企业留存利润比例过高；中央政府收缴企业利润比例较低；资源所在地居民的共享收益无法受到保障，收益缺失严重；基层政府（包括镇级政府以及带有"准政府"含义的村民委员会）获益比例偏低。第二，无法衔接的公共资源社会成本与私人成

本。具体来说，只有当自然资源资产开发后的收益大于开发成本时才存在
开发利用的必要性。能够获得自然资源资产使用权或是矿产资源资产矿业
权的仅仅是少数人，这些企业或者个体会以短期利益最大化实现资源的开
发和利用，很少会将社会福利纳入考虑范畴，这种由少数人行为所带来的
生态危害、社会不稳定等后果却由资源所在地居民来承担，使得自然资源
资产的收益与成本失衡，造成自然资源资产的无序利用与低效配置等问
题。第三，不合理的资源收益支出结构。获得自然资源资产使用权的企业
回馈社会大多通过捐赠等方式，但占利润比不高且是非持续性的。对于上
缴到政府的一部分收益，一部分进入一般公共预算，一部分进入政府基金
预算，一部分进入国有资本经营预算，纳入预算的收益支出结构是否合理
应结合年度数据分析评价。其中，一些由地方政府支配的收益存在监管不
力的问题，导致滥用资源收益的行为无法得到规制。

我国自然资源资产收益分配的制度沿革和阶段性特征见表 3-1。

表 3-1　　我国自然资源资产收益分配的制度沿革和阶段性特征

阶段	1949—1977	1978—1993	1994—2012	2013—
制度沿革	我国在自然资源资产收益分配制度的选择上基本照搬了苏联的自然资源收益与分配的模式。然而，相对于苏联单一的自然资源资产全民所有制，我国则选用了更为灵活的自然资源全民所有及集体所有两种形态，在收益分配的安排上仍然以自然资源资产全民所有为主	主要以自然资源资产产权的法定以及对收益分配进行了一系列的探索。在此期间，政府颁布了以自然资源资产单项法律为结构体系的法群（包含土地资源、矿产资源、水资源、森林资源、草原资源等），代表着我国自然资源资产收益分配走上了法制化管理的道路	自然资源资产交易有偿制度的雏形起源于20世纪90年代制定的《城市土地管理法》，针对土地使用权的流转制度做出了详细规定，规范了交易土地使用权涉及的出让、出租、转让等经济行为，同时明晰了行政划拨的界限范围。紧接着，我国对几类主要自然资源资产法律进行了修订	十八届三中全会对自然资源收益分配机制的定位主要有两个方面：一是推进形成合理有序的收入分配格局；二是希冀其发挥再分配调节机制的功能。《中共中央关于全面深化改革若干重大问题的决定》中还提出需要提高国有资本收益上缴公共财政比例，到2020年提高到30%，更多地用于保障和改善民生

续表

阶段	1949—1977	1978—1993	1994—2012	2013—
基本特征	首先，在此期间，虽然宪法对自然资源资产的主导地位及其范围做出了规定，但单项自然资源资产的法律尚未启动，因此对于自然资源资产收益与分配的依据更多地来源于政府行为。其次，在此期间，国家各级行政部门成为自然资源资产收益分配的唯一主体。由于具体法律体系的缺失，早期的自然资源资产的收益分配的管理主要表现为行政管理的方式。最后，企业成为国家自然资源资产经营的加工厂。国有资源型企业是我国自然资源资产开发与生产的核心，拥有先天有利的资源禀赋条件，但各级政府对企业经营管理进行全方位的政治干预和经济干预	第一，明确了自然资源资产收益分配中产权主体的二元性前提，即相关自然资源法律规定，所有权主体仅是国家（全民）和集体。第二，依据相关法律规定，部分资源型企业对自然资源资产拥有支配权力，主导该类自然资源资产的收益，并根据规定上缴利润与税收。第三，自然资源资产的相关法律禁止自然资源资产的交易行为，从某些程度上影响了自然资源资产的经济效率。比如《宪法》（1982年版）规定，任何组合和个人不得侵占、买卖、出租及其他形式非法转让土地资源	规定了水资源、森林资源和矿产资源的国家所有权制度，并由国务院代表国家行使收益权和分配权。不仅如此，还确立了部分自然资源资产的有偿使用与交易制度，例如，对土地使用权、采矿权和探矿权的各类情形进行细化与分类。但是我们也可以发现，这一阶段以我国自然资源资产各类单项法律为主所确立的自然资源资产收益分配基本制度，依然存在着一些不足与缺失，这些缺点影响着我国自然资源资产收益分配制度的运行效率，无法完全适应经济高速发展的诉求与标准	第一，不均衡的公共资源收益分配格局。第二，无法衔接的公共资源社会成本与私人成本。只有当自然资源资产开发后的收益大于开发成本时才存在开发利用的必要性。能够获得自然资源资产使用权或矿产资源资产矿业权的仅仅是少数人，这些企业或者个体会以短期利益最大化实现资源的开发和利用，这种由少数人行为所带来的生态危害、社会不稳定等后果却由资源所在地居民来承担，使得自然资源资产的收益与成本失衡。第三，不合理的资源收益支出结构。获得自然资源资产使用权的企业回馈社会大多通过捐赠等方式，但占利润比不高且是非持续性的

资料来源　笔者依据相关资料整理得出。

3.2 我国自然资源资产收益分配改革的现实功用

通过对我国自然资源资产收益分配演进轨迹的梳理、制度沿革的解构，我们可以发现上述四个时期对于自然资源资产收益分配的不断探索与总结，奠定了我国现行自然资源资产收益分配的基本框架。这些改革为自然资源资产的有序开发和利用，以及国民经济的稳步发展起到了积极的作用。

3.2.1 夯实收益分配的基础性条件

1949 年至今，我国在自然资源资产收益分配方面做出了诸多努力，通过各项法律法规以及规章制度的推出、执行与修订，我国自然资源资产收益分配制度得到了不断的完善与规范，在一定程度上夯实了自然资源资产收益分配的条件，主要有以下三个方面：

第一，自然资源资产使用权制度实现逐步优化。现行各类自然资源单项法律对各类自然资源资产使用权的获取做出了较为明确的规定，单位和个人可以依法获得自然资源资产的使用权，比如《土地资源管理法》针对单位或个人在使用国有土地或是集体所有土地过程中，如何获取土地使用权、取得土地使用权后的特定用途、使用年限等都做出了明确的界定与规范。《矿产资源法》《水法》皆以法律形式确定了对应自然资源的权能归属。与此同时，现阶段的各单项自然资源资产法律在规定了自然资源资产使用权可依法获得以外，有偿使用制度也涵盖在内，譬如，国有土地使用权、矿业权、海域使用权、取水权、林权等。虽然现行的有偿使用制度尚未高度完善，但与中华人民共和国刚成立时期相比较，从自然资源资产的无偿使用到现行的有偿使用，对于保障国家所有者利益、合理配置自然资源、良性维持生态环境等发挥了不可磨灭的作用。

第二，自然资源资产经营权和经营流转权的拓宽是增加收益的基础性路径。对各类自然资源资产法定及法制化的不断探索是我国自然资源资产收益分配的基本特征之一，通过对各类单项资源法律的不断修订，在一定程度上降低了对自然资源经营权和经营流转权的限制。目前就经营权来看，现行的各类自然资源法律对于单位和个人依法拥有经营权做出了有效规定，例如《土地资源管理法》和《城市土地管理法》明确了单位和个人在获得土地之后可以按照规定经营、利用土地资源，获得经营的收益，《矿产资源法》也做出了相似的规定。就经营流转权来看，现行自然资源的各类法律放宽了部分自然资源资产的流转权，比如《城市土地管理法》明确了土地使用权出租、转让、抵押的制度；《矿产资源法》推进了探矿权、采矿权在规定限制范围内进行转让的制度改革。除了相关法律做出的具体规定外，政府放松对于自然资源资产经营权与流转权的限制还表现在：部分地区逐渐实行土地使用权折股出资以实现农民增收；有些地区借助扩大林地经营权的方式来实现林业人员的增收。虽然上述制度的推行处于起步阶段，但预示着我国自然资源资产对于产权革新的脚步从未停止。

第三，自然资源资产管理体制的不断探索。随着我国自然资源单项法律法规的逐步完善修订，自然资源资产管理体制也缓慢通过有偿使用制度、管理机构精简、专业化管理等方式得到健全。譬如，推行招标、拍卖、挂牌等市场化交易的方式实现国有土地使用权、矿业权的出让，革新自然资源资产的配置效率；组建自然资源部、生态环境部、农业农村部、林业和草原局（由自然资源部管理），不再保留国土资源部、国家海洋局、国家测绘地理信息局、环境保护部、农业部、林业局，基本改变了"九龙治水"的局面；通过行政区域管理和跨流域管理相结合的方式来管理水资源更符合客观规律，提高了水资源的管理效率。

3.2.2 有效推进部分自然资源的生产效率

随着自然资源资产收益分配制度的不断演进、各类资源权益的逐步确认，对我国自然资源资产的合理利用起到了积极有效的推动作用，各类自然资源资产的生产效率得到了一定程度的提升，包括土地资源资产、矿产资源资产、林业资源资产等资源性资产。

一是土地资源资产收益分配权的改革。在我国，土地家庭联产承包责任制确立以后，土地资源保持集体所有但由家庭承包经营，农民在取得土地经营自主权后，能够自行依据市场供需情况选择土地种植品种，调整农业经营结构，基于既定决策调度土地上的劳动力数量。通过增强农民土地经营的自主性，不仅能够依据市场供求的变化及时调整种植结构，不断优化经营策略，还可以进一步提高土地生产力，逐步提高农户自身的劳动竞争力，在自己的土地上凭借对经济形势的判断持续获得增收。从现阶段发展来看，我国的土地资源资产开发从 20 世纪 80 年代的劳动密集型，逐步向科学、资本密集型转变。向土地投入科技的主要目标是提高土地自身的产出率，譬如施肥、除虫、农药等；而向土地投入资本的主要目标是提高劳动生产率，譬如农业机械化运作。在某种程度上，农村土地责任承包经营制度的建立成为我国农业生产高效发展的助推器。

二是矿产资源资产收益效率和水平的提高。矿产资源收益分配制度的沿革对于生产效率和收益水平具有双重效用，具体表现为：（1）取得探矿权的企业在探矿后可以优先获得采矿权的规定，可以有效地提高企业探矿的积极性，促进对矿产资源资产的勘探和开发；（2）矿产资源使用权的招标和拍卖符合市场经济的基本逻辑，使得最具有效率的优质企业获得矿产资源资产的使用权，逐步地通过市场化的方式淘汰开采效率低的企业；（3）企业、集体和个人通过支付矿产资源价款获得矿产资源开采权后，在矿产资源经营中会更有效率地考虑成本和收益问题，提高矿产资源资产回采率，促进矿产资源资产的使用效率在市场化进程中不断地提高；（4）矿产资源使用权在一定程度上的流转也能促进矿产资源的开采权向着效率最高的企业转移，提高矿产资源的开采效率。

3.2.3 财政收入增加、劳动力转移与行业工资提高

自然资源资产收益分配制度的改革，不仅提高了自然资源资产的使用效率，而且还提高了自然资源资产利用的社会福利，表现为自然资源资产收益分配制度对财政收入的贡献、促进劳动力的转移以及提高了从业人员的收入水平。

首先，自然资源资产收益制度增加了政府的财政收入。随着自然资源资产使用权有偿获得制度的逐步实施，政府通过各种自然资源资产的

使用权获得相应的收入，其中又主要表现在国有土地使用权出让和矿产资源资产使用权出让方面。2016 年国有土地使用权出让金收入是 35 639.69 亿元，比 1999 年增长了 69 倍，而这部分收入的取得主要以"招拍挂"和协议出让的方式为主①。其中，2008—2016 年国有土地使用权出让金收入总额达 259 936.41 亿元，占同期全国地方一般公共预算收入的比例接近 52%，成为地方政府财力的重要源泉②。2017 年 4 月国务院出台《矿产资源权益金制度改革方案》（简称《方案》），为实现矿产资源税费制度对保障国家所有者权益、有效调节资源配置、筹集财政收入发挥更重要的作用，《方案》决定将原矿业权价款改为矿业权出让收益，适用于所有实行出让的矿业权，以"招拍挂"或者协议方式出让，收益一次性确定，可分期缴纳，40% 出让收益纳入中央财政预算，60% 纳入地方财政预算；将原矿业权使用费整合为矿业权占用费，征收标准不再以占有矿区面积为标准，改为实行动态调整，纳入一般公共预算管理，中央政府与地方政府以 2∶8 的比例共享此项资源性收费；将原矿产资源补偿费率降为零，并入资源税范围，实行从价计征的计税方式；将原矿山环境治理恢复保证金修改为矿山环境治理恢复基金，提取一定比例的销售收入，专项用于保护矿山环境和开展综合治理等活动。

其次，自然资源资产收益分配制度的沿革促进了劳动力的转移。对于劳动力转移的影响主要体现在农村劳动力的转移。一方面，农村土地资源产权制度的改革使得农村劳动生产率提高，解放了劳动生产力，促进劳动力从传统的农业生产中转移出去；另一方面，农村土地资源的流转制度也推动了农村劳动力的释放，农民可以将自己的土地使用权转让给他人，从而使自己实现职业转变，从事非农产业，有力地支持了城市经济的建设。

最后，大力提高了资源行业人员的收入水平。自然资源资产收益分配制度的改革不同程度上提高了各类自然资源从业人员的收入，主要包括：（1）农业从业人员收入增加。改革农村的土地资源之后，农民有了

① 数据来源于财政部 2016 年全国财政决算。
② 依据财政部 2008—2016 年全国财政决算测算所得。

生产的自主权，可以选择种什么、种多少，从而激发了农民经营土地的积极性，在农民收入增加的同时，农村劳动力实现了一定程度的自由释放，就业渠道以及收入渠道拓宽，农民家庭收入水平得到了提高。（2）矿产从业人员收入增加。矿产资源的一系列改革使得国家、集体和个人均可以依法获得采矿权，企业和个人有了经济激励和市场经济性，会采用各种有效手段提高行业的生产率水平，并从中实现收入的增加或者利润的增长。

我国自然资源资产收益分配改革的成效除了以上三个方面外，还取得了其他一系列改革绩效，比如有利于自然资源资产的集约性使用、自然资源资产的有效利用以及推进社会生产的可持续发展等。

3.3 我国自然资源资产收益分配中的突出矛盾与机制障碍

在分析了自然资源资产收益分配的演化轨迹，以及我国自然资源资产收益分配的制度沿革与特征事实后，以此为契入点，发掘我国自然资源资产收益分配中的突出矛盾及机制障碍，明晰自然资源资产收益分配的具体情况，并有针对性地逐个攻克收益分配的重重阻碍。

3.3.1 国家自然资源资产产权不明晰

我国《宪法》和单项资源类法律明确规定，自然资源属国家和集体所有并由国务院代行国家产权职能。因此，在资源性资产管理工作中，首要问题是实现产权明晰。

下面我们以横向和纵向两个角度分析现行管理架构。从横向角度分析，我国 2018 年 3 月以前实行部委分类管理，即条块化管理，主要由国家发展与改革委员会、国土资源部、农业部、国家林业局和水利部等机构组成。以土地资源为例，在国土资源部下设机构中，它既属于土地利用管理司、耕地保护司和国家土地总督察办公室的管理对象，又受到地质勘查司和地质环境司的制约，同时农村耕地还要接受农业部下设的农垦局和监管局的约束。这种管理模式使得资源性资产陷入多头管理的境地，个别资源类资产被同时收归多个部门麾下。资源性资产多头管理的直接后果是产权管理职能难以落实到位，部门之间责、权、利难以界定，最终弱化了管理效率。

从纵向方面分析，现阶段我国自然资源资产管理体制依然延续着"统一所有，分级管理"的模式。作为资源性资产的产权主体，要切实履行所有权能，国家须将其委托于中央政府代为行使。而由于资源性资产的多样性与复杂性，各部委和地方政府即成为中央政府的代理人，随后地方政府再委托其他机构直接管理。通过层层委托，各环节代理人在行动时的准则是实现自身利益最大化，其目标很有可能与委托人的初衷背道而驰，产生短期机会主义行为。以矿产资源为例，中央政府的关注焦点在于战略性目标，如可持续开采，实现代际公平；而地方政府重点关注区域性的短期经济发展效益，如盲目吸引投资，浪费性开采以增加地方收入。地方政府作为中央政府的代理人，虽然实际上掌握着自然资源资产的占有使用权，但因为没有法律上的所有者身份认可，挫伤了地方政府对于资源性资产的监督、管理积极性，忽视资源性资产开发利用的生态价值，单纯追求其经济价值，极易产生"公地悲剧"。

上述多头管理和国家所有权虚置的根本原因在于产权不明晰。我国《宪法》虽然明确规定国家是自然资源资产的最终所有者，但没有进一步说明由哪个部门统一管理，并且缺少统一的人格化代表。现阶段在资源性资产管理方面，中央政府与地方政府之间是一种低效率的委托代理关系，国家所有者权能被层层分解到各个职能部门，造成终极所有权虚置。此外，产权不清也导致政府身份的双重化，表现为政府既是政策制定者，也是资源性资产的所有者和出资人，形成了国家自然资源资产政资不分的经营管理状态。因此，如何设计出一种既能综合管理国有资源性资产，又能使国家所有权归位的产权制度至关重要。

3.3.2 资产化管理与资源化管理边界模糊

在相当长的一段时期，我国对自然资源秉行资源化管理，即政府替代市场配置，以行政手段为主对资源进行直接管理。这种单纯将自然资源作为基本生产资料，只侧重资源的使用价值管理，忽视其资产经济价值管理的做法，导致自然资源被掠夺性使用，在造成国有资源大量浪费的同时，生态环境也受到了严重破坏。随着市场经济改革的深入，人们逐步认识到，以行政划拨手段为主的实物性管理模式对国有资源的配置存在明显的缺陷。因此，强化国有资源的资产化管理是解决现实矛盾的现实选择和重要途径。

资源资产化管理是指将资源看做资产，或是资本，遵循自然规律及经济发展规律，按产权管理原则对其进行投入产出管理，实现收益增值。无论是对资源的开发，还是在资源生产、再生产环节，皆要依照市场经济规律实施产权管理。值得注意的是，一些资产化管理的研究表现出模糊笼统的倾向，无视自然资源的差异性，不少拥趸提倡一切自然资源都应实行资产化管理。但资源性资产存在其独有的特殊性，一是稀缺性。例如，水资源仅在水资源缺乏地区才具备资源的经济属性，可对其进行资产化管理，但不包括洪水在内，因为洪水只能带来灾难而非效益。二是功能性。自然资源资产与其他物质资产的不同之处在于它不仅具有经济价值，更有同等重要的社会价值。例如，自然保护区、珍稀物种、国家级风景名胜等，这些具有功能性的自然资源资产，其价值是难以用货币价值来衡量的。因此，自然资源资产化管理应当分类制定不同的管理目标，实行不同的管理制度。

现阶段国有资源性资产管理体制对于各类资源的经济属性（资产化）和社会属性（资源化）并未有明确的分类界定准则，使得管理定位不明，相应的资产化程度也不高。经营性资源资产未能完全进入市场轨道依据市场经济规则加以运营及监管，公益性资源资产也未能按照其公共属性得到有效的配置和监管。从国有经营性资产管理体制改革的经验看，划清传统资源化管理和资产化管理之间的界限，对自然资源资产进行分类管理的工作存在相当大的难度，但如果没有恰当的分类，就没有政府及市场在资源性资产管理中的合理定位，更难以指明各类资源性资产未来改革的基本方向。因此，对于自然资源资产管理体制而言，如何将资产化管理从资源化管理模式中剥离，是未来改革的重要内容之一。

3.3.3　自然资源资产收益分配格局亟须调整

收益问题是国家自然资源资产管理体制的关键所在，而资源产权主体能否获得与其权利相匹配的收益，是衡量相关制度是否合理的标准之一。现阶段我国的资源资产收益分配格局主要存在两类问题：一是资源类税制不完善；二是收益分配关系不合理。

我国资源类税制不完善主要表现在两个方面：一是资源类企业所得税税率与普通行业企业所得税税率并未区分。我国全行业企业无论是否为资源类，所得税税率统一为25%。依据马克思主义国家产权论，国家作为提供一般生产条件，即间接生产要素的所有者应获得相应的收益，这种收益的经济形式就表现为企业所得税。从这点看，资源类企业与普通行业企业都是间接生产要素的占有使用者，不同的是，前者不仅占有土地使用权，还享有除土地以外的一系列天然生产资料（譬如，矿产、煤炭、稀土等资源资产）的经营权并获取经济利益；后者仅占有土地使用权，并无其他生产资料的消耗。从公平的角度出发，国家作为天然生产资料（自然资源资产）的所有者，理应对占有使用资源资产而获取超额利润的资源类企业征收赋税，并且考虑税率应高于普通行业，达到调节级差收入和税负公平的效果。二是生态补偿机制欠缺。虽然政府已出台《生态环境损害赔偿制度改革试点方案》的顶层设计，希望能强化资源开发者可持续发展的意识，但我国尚未设立相关的环境税种。对于自然资源资产而言，除了具备社会属性和经济属性，还有更为重要的生态属性。现行的环保类税费，譬如排污费收费标准偏低，征收范围偏窄，环保类税收政策缺乏针对性、有效性和系统性，无法体现生态补偿的宗旨。

此外，自然资源资产收益分配关系不合理，具体表现为：

第一，中央与地方之间收益分配关系失衡。从中央政府角度看，现行国有资源资产的财政收入分配体制，以中央与地方共享收入为主，固定收入较少。以资源税征缴为例，中经网统计数据库[①]显示，2013年、

---

① 中经网统计数据库（http://db.cei.gov.cn/page/Default.aspx）。

2014 年地方资源税收入为 960.31 亿元、1 039.38 亿元；中央资源税收入为 45.34 亿元、44.44 亿元。在资源税占地方税收入比重逐年递增的同时，中央所得资源税却未随着地方资源税的增多而增多，甚至有下降趋势。2016 年财政部、国家税务总局发布的《关于全面推进资源税改革的通知》规定，在现行财政管理体制下，纳入改革范畴的矿产资源税收入将全部归为地方财政收入。此后地方所得资源税收入将会更多。同样情况的还有土地出让金收入，全部纳入地方政府性基金预算收入，中央政府作为终极所有者的利益未能得到体现。产生这种现象的原因在于，我国以管理层等级为标准划分资源税，模糊了资源所有者与资源管理者在财政收入划分中的边界，致使部分资产收益集中于地区，而无关中央。从地方政府角度看，财权与事权不匹配。以矿产资源资产为例，截至 2017 年 4 月，规定收缴的矿产资源补偿费依比例中央和省、直辖市按 5：5 分成，和自治区按 4：6 分成。省级政府再按比例将所得层层分配至市、县，留至资源所在地政府的补偿费可能已寥寥无几，而这部分收入还需依照法规实行专项管理，用于矿产资源的勘查。在"统一所有，分级代表"的分权型管理体制下，不仅要求在中央与地方政府之间划分资源资产的所有权，还要求实现两者权、责、利的有机结合和统一。那时的资源资产上缴比例，很难适应我国各地区复杂的经济状况，不利于地方政府实现其财产权，也不利于地方政府积极按照可持续发展观念来调控、管理本地资源性资产。

第二，中央与资源型企业之间收益分配关系失衡。一是中央与资源型国有企业之间。我国从国有资本经营预算实施以来，国有企业利润上缴比例已从 2008 年的 10% 上调至现行的 20%，烟草企业上缴比例增至 25%，到 2020 年提高至 30%。譬如，中国石油天然气集团公司、中国石油化工集团公司、中国海洋石油总公司等上缴利润比例为 20%；中国有色矿业集团有限公司、中国盐业总公司等上缴利润比例为 15%。根据目前国际惯例，英国经营良好企业的上缴利润占税后可分配利润的 70% ~ 80%，超半数国家的国有企业分红占净利润的 30% ~ 50%。对比我国现状，我国的资源型国有企业利润上缴比例属偏低水平。二是中央与资源型普通企业之间。由于现行资源类税费制度不合理，造成无法调节资源型企业的级差收入，在房地产、矿产、煤炭等资源行业萌发大量投机者，将国家资源转化为私人财富，在成为富豪的同时，极大地损害了国家所有者权益。能否从资源型企业中征缴到国有资源资产收益，一定程度上取决于两者在现有政策环境下的利益博弈结果。究其原因，主要是产权制度的缺失，国家没有严格区分资源资产所有者、占有使用者、经营管理者之间的收益分配关系，也没有明确的法律规范和保障。因此，改革中央与资源型企业之间的收益分配关系也是十分必要的。

3.3.4　收益分配过程中衍生的寻租问题

我国现行的自然资源资产管理体制中，中央政府和国务院各部门、地方政府以及各部门形成的是一种委托-代理的关系。然而，在我国自然资源资产的所有权是公共所有的，所以此处的委托-代理关系实质是自然资源资产使用权的委托与代理，按此逻辑，其委托与代理的运行模式则是国务院将自然资源资产占有与分配的权利授予国务院各部门以及地方政府及其部门，各级地方政府及部门再通过审批或其他途径将自然资源资产的使用权转至各企业手中。从目前来看，我国自然资源资产使用权的获得主要还是通过许可证审批的方式进行，即企业通过审批获得资源使用权。在使用权的出让中，国家、各级政府及其部门所获得的所有权收益远远少于取得使用权的企业所获得的收益，这些收益不仅包括经济利润，还有本该属于国家的一部分所有权收益和使用权收益。

值得我们注意的是，由于地方政府从某种程度上掌握着自然资源资产的使用控制权却未获得相应的收益，因而地方政府的监管积极性必然下降，导致对国家自然资源资产监督管理的效率也同样下降。与此相反的是，在较长的委托-代理链条中，地方政府的部门官员为了使得自己的利益达到最大化的效果，获得自然资源资产使用权转让的收益，增加了通过手中权力进行寻租的内生性冲动，一方面容易滥用自己手中的权力来获取个人非法收益，另一方面还会出现与企业合谋寻租的现象。然而，在现行自然资源管理体制下，虽然资源型企业并不排斥地方政府中部分人员的寻租行为，但易导致自然资源资产浪费、生态环境破坏，甚至出现整个社会福利下降的现象。

3.4 本章小结

积极践行十八届三中全会提出的"健全国家自然资源资产管理体制，统一行使全民所有自然资源资产所有者职责"方针政策，有效推动管理体制进一步完善，既是对协调、绿色、共享发展理念的体现，也是全面建成小康社会宏伟目标的潜在需求。现阶段我国持续出现的自然资源资产无序配置、资产大量流失以及生态空间环境恶化等问题，主要原因在于政府长期对资源性资产的弱化管理，直接映射出现行自然资源资产管理体制的缺憾。而国家自然资源资产理念的提出，既是对我国传统经济快速增长模式的系统反思，也是对未来经济发展路径和框架优化的设计萌芽。

首先，对自然资源资产收益分配的演化轨迹进行梳理是自然资源资产收益分配问题的重中之重。在评析实践模式及轨迹的基础之上，对我国自然资源资产的制度沿革与现状进行解构，尝试总结出我国自然资源资产收益分配的基本特点。1949—1977 年，我国在自然资源资产收益分配制度的选择上基本照搬了苏联的自然资源收益与分配的模式。然而，相对于苏联单一的自然资源资产全民所有制，我国则选用了更为灵活的自然资源全民所有及集体所有两种形态，在收益分配的安排上仍然以自然资源资产全民所有为主。1978—1993 年，我国主要以自然资源资产产权的法定以及对收益分配的改革为重点进行了一系列的探索。在此期间，国家颁布了以自然资源资产单项法律为结构体系的法群（包含土地资源、矿产资源、水资源、森林资源、草原资源等），代表着我国自然资源资产收益分配走上了法制化管理的道路。1994—2012 年，自然资源资产交易有偿制度的雏形起源于 20 世纪 90 年代制定的《城市土地管理法》，针对土地使用权的流转制度做出了详细规定，规范了交易土地使用权涉及的出让、出租、转让等经济行为，同时明晰了行政划拨的界限范围。随后，十八届三中全会对自然资源收益分配机制的定位主要有两个方面：一是推进形成合理有序的收入分配格局；二是希冀其发挥再分配调节机制的功能。《中共中央关于全面深化改革若干重大问题的决定》中还提出需要提高国有资本收益上缴公共财政比例，到 2020 年提高到 30%，并更多地用于保障和改善民生。

其次，通过对我国自然资源资产收益分配的演进轨迹的梳理、制度沿革的解构，我们可以发现上述四个时期对于自然资源资产收益分配的不断探索与总结，奠定了我国现行自然资源资产收益分配的基本框架。这些改革为自然资源资产的有序开发和利用，以及国民经济的稳步发展起到了积极的作用。1949 年至今，我国在自然资源资产收益分配方面做出了诸多努力，通过各类法律法规以及规章制度的推出、执行与修订，我国的自然资源资产收益分配制度得到了不断的完善与规范，从一定程度上夯实了自然资源资产收益分配的条件，主要有：（1）自然资源资产使用权获得制度的逐步优化。现行各类自然资源单项法律对各类自然资源使用权的获得做出了较为明确的规定，单位和个人可以依法获得自然资源资产的使用权。（2）自然资源资产经营权和经营流转权的拓宽是增加收益的基础性路径。对各类自然资源资产法定及法制化的不断探索是我国自然资源资产收益分配的基本特征之一，通过对各类单项资源法律的不断修订，在一定程度上降低了对自然资源经营权和经营权流转的限制。（3）自然资源资产管理体制的不断探索。随着我国自然资源单项法律法规的逐步完善修订，自然资源资产管理体制也逐渐通过有偿使用制度、管理机构精简、专业化管理等方式得到健全。自然资源资产收益分配制度的不断演进、各类资源权益的逐步确认，对我国自然资源的合理利用起到了积极有效的推动作用，提高了我国各类自然资源资产的生产效率，包括土地资源、矿产资源、林业资源等自然资源资产。自然资源资产收益分配制度的改革，不仅提高了自然资源资产的使用效率，而且还提高了自然资源利用的社会福利，表现为自然资源资产收益分配制度对财政收入的贡献、促进劳动力的转移以及提高了从业人员的收入水平。

最后，在分析了自然资源资产收益分配的演化轨迹，以及我国自然资源资产收益分配的制度沿革与特征事实后，以此为契入点，发掘我国自然资源资产收益分配中的突出矛盾及机制障碍，明晰自然资源资产收益分配的具体情况，并有针对性地逐个攻克收益分配的重重阻碍。我国

《宪法》和单个资源类法律明确规定，自然资源属国家和集体所有并由国务院代行国家产权职能。因此，在资源性资产管理工作中，首要问题是实现产权明晰。我们以横向和纵向两个角度分析 2018 年 3 月以前的管理架构。从横向角度分析，我国实行部委分类管理，即条块化管理，主要由国家发展与改革委员会、国土资源部、农业部、国家林业局和水利部等机构组成。从纵向方面分析，现阶段我国自然资源资产管理体制依然延续着"统一所有，分级管理"的模式。在相当长的一段时期，我国对自然资源秉行资源化管理，即政府替代市场配置，以行政手段为主对资源进行直接管理。这种单纯将自然资源作为基本生产资料，只侧重资源的使用价值管理，忽视其资产经济价值管理的做法，导致自然资源被掠夺性使用，在造成国有资源大量浪费的同时，生态环境也受到了严重破坏。随着市场经济改革的深入，人们逐步认识到，以行政划拨手段为主的实物性管理模式对国有资源的配置存在明显的缺陷。因此，强化国有资源的资产化管理是解决现实矛盾的现实选择和重要途径。收益问题是国家自然资源资产管理体制的关键所在，而资源产权主体能否获得与其权利相匹配的收益，是衡量相关制度是否合理的标准之一。现阶段我国的资源资产收益分配格局大致存在三类问题：一是资源类税制不完善；二是收益分配关系不合理；三是不断出现的寻租现象。值得我们注意的是，由于地方政府在某种程度上掌握着自然资源资产的使用控制权却未获得相应的收益，因而地方政府的监管积极性必然下降，导致对国家自然资源资产监督管理的效率也同样下降。与此相反的是，在较长的委托-代理链条中，地方政府的部分官员为了使得自己的利益达到最大化的效果，获得自然资源资产使用权转让的收益，增加了通过手中权力进行寻租的内生性冲动，一方面容易滥用自己手中的权力来获取个人非法收益，另一方面还会出现与企业合谋寻租的现象。

4 资源型国有资本收益分配的结构探析与目标校准

十八届三中全会对自然资源收益分配机制的定位主要有两个方面：一是推进形成合理有序的收入分配格局；二是希冀其发挥再分配调节机制的功能。《中共中央关于全面深化改革若干重大问题的决定》中还提出需要提高国有资本收益上缴公共财政比例，到 2020 年提高到 30%，更多地用于保障和改善民生。值得我们关注的是，《中共中央关于全面深化改革若干重大问题的决定》对自然资源资产收益分配的适用范围已经从国有自然资源领域延伸至国有资本领域，但仍以前者为主。在此背景下，本章着力对资源型国有资本收益分配流程与结构进行探析，从企业上缴利润到国有资本经营预算对收益进行二次分配，尝试对每个环节中影响收益分配的矛盾与困境进行确认，进而以全民共享为出发点对资源型国有资本收益分配进行模拟，并提出推进资源型国有资本收益分配改革的条件及途径。

4.1 自然资源企业超额收益测度与初始分配

一般来说，资源型企业通过资本化的自然资源资产所有权对自然资源资产进行采掘与炼制，进而形成经济增长及社会生产所需要的一般生产资料，并获得自然资源资产积累性收入，以此形成企业的收益来源。长期以来，为了保证国有经济的主导地位及控制力，资源型国有资本主要采取国有化的经营策略。然而，近年来诸多学者提出由于政府对资源型企业的隐形补贴和自然资源国有资本自身固有的特殊性，可能会造成资源型企业的超额收益及隐形价值的存在，直接从源头上影响企业利润的确认及上缴。本节对资源型企业超额收益及隐形价值进行测度，以期归结出资源型国有资本初次收益分配过程中的矛盾与困境。

4.1.1 自然资源企业收益分配的背景分析及研究的切入点

从理论角度出发，国家自然资源资产具备一定的收益能力，进而我们可以推知自然资源型企业存在一定的超额收益率。对这一理论及其结论的验证，不仅可以测度自然资源型企业的真实收益规模，还可以为自然资源资产负债表的编制、自然资源收益的初步分配，乃至自然资源资产管理体制的改革和完善提供翔实的实证基础。

早在 18 世纪 70 年代，Smith 就对固定资本的性质及收入类型展开了初步研究，他指出固定性资本形成的收益规模很有可能超过其所有者的预期收益，而总收益实现补偿价值（即固定费用与流动资本）后，形成固定性资本所有者可支配的实际收益。受到 Smith 研究的启示，Hicks（1946）则将研究范围限制在自然资源资产上，他认为自然资源资产的收益并非代表全部的真实组成，其中一部分是自然资源资产在生产中的损耗，研究时需要对真实收益与折耗成本进行分离。Salah（1981，1989）在 Smith 和 Hicks 的研究基础上进一步深化，他指出自然资源资产的所有者一方面需将非持续收益中的一部分留存，目的是通过留存收益及其利息来弥补递耗资产的枯竭；另一方面，递耗型自然资源资产的年收益流量在理论上需要被转换为真实收益流量，并使得二者的资本化价值相等，如果出现差额，可视为递耗型自然资源的补偿价值[①]。随后，John 和 Anja（1993）、Bartelmus 和 Uno（1998）对 Salah 的研究予以肯定，并进一步拓展，提出自然资源资产折旧的特殊性及计量方法，一致认为自然资源资产具有其内生性价值，自然资源资产的折耗同样需要价值补偿，相应地，企业也需要实现自然资源资产价值的真实计量。近十年来，国内学者对自然资源资产的超额利润方面的研究也逐渐增多。程昔武（2008）通过实证研究发现我国采掘类企业的收益率超过社会平均收益率，还有学者在此基础上通过上市公司信息披露研究得出采掘类企业的资产存在隐性的价值（耿建新等，2008）。邵学峰等（2016）将五种采掘类国有企业 2005—2013 年的相关数据作为研究样本，探究自然资源型企业高利润率与高差异并存的结构性因素，他提出产权多样性及经营方式的异质性是自然资源型企业"双高"并存的主要原因；对于国有的资源型企业来说，资本密集度、规模经济两个要素对利润水平具有一定的推动作用，而较高的交易成本则起到相反的抑制性作用。

综上所述，国外对自然资源型企业超额利润率方面的理论研究及实践探讨均相对充分，但各国国有自然资源的产权关系及企业性质不尽相同，尚不具备较为充分的可比性。相比较之下，国内学者的研究则多聚焦于采掘类、采选类企业，却并未充分关注自然资源资本的初次收益分配及二次收益分配的全流程要素，且没有从财政学视角进行资源资产收益的多维考察与对比。所以，我国自然资源型企业收益分配的测算需要更多地结合并依靠本国的具体实情。基于此，本章尝试对我国自然资源国有资本的超额收益与隐形价值进行合理测算，对其进行深入的剖析，以期对国家自然资源资产收益分配的理论研究与制度设计有所裨益，从而有效增强自然资源资产收益的稳健性，推进和保证我国财政运行的可持续性。

---

① 根据 Salah 的理论，可将其观点通过表达式列出，即为：$\frac{NetProfit}{TotalProfit} = 1 - \frac{1}{(1+r)^{t+1}}$；$\frac{Cost}{TotalProfit} = \frac{1}{(1+r)^{t+1}}$，其中，NetProfit 为净收益，Cost 为自然资源资产的折耗成本，TotalProfit 为自然资源资产的总收益，r 为贴现率，t 为收益的年限。

4.1.2　自然资源上市企业超额收益率的测度与对比

本部分在自然资源型企业收益分配研究的国内外成果以及研究切入点的基础上，进一步拓展 Hicks、Salah 的理论并提出假设，试图在以上市自然资源企业为例的实证检验中探寻自然资源国有资本初次收益分配过程中的矛盾与困境。

（1）研究假设

我们知道，无论是资源企业的收益抑或是成本，自然资源资产的核算主要基于自然资源本身的计量。通常，在历史成本法下，自然资源型企业以获取或者探采成本作为计量自然资源的基础；而在公允价值法下，自然资源型企业通过自然资源本身在未来的收益或者资源租金的折现价表示为自然资源的价值。因此，对自然资源资产的会计计量是自然资源收益分配的逻辑起点。对任何一个自然资源型企业来说，资源资产的获取或探采成本与未来收益的折现值相对比存在三种情形：

$$CostCap. > IncomeCap. \tag{4-1}$$

$$CostCap. < IncomeCap. \tag{4-2}$$

$$CostCap. = IncomeCap. \tag{4-3}$$

当处于式（4-1）时，说明此类自然资源资产的获取或探采成本高于未来收益的现值，从经济角度来看此种自然资源暂无价值。我们重点讨论的是式（4-2）的情况，当自然资源资产的获取或探采成本低于未来收益的现值时，自然资源型企业会产生一定的超额收益，此时计提的资源成本仍是 CostCap.，小于按照 IncomeCap. 计提的金额。式（4-3）所代表的是历史成本法与公允价值法下二者相等的情形，是一种偶发性情况。由此，我们可以推断，自然资源型企业不论采取何种方式进行资源计量，均需要确认并测算自然资源资产的成本，即：

$$CostCap. \leqslant IncomeCap. \tag{4-4}$$

根据公式（4-1）至（4-4）的推论及 Hicks、Salah 的理论，我们可以进一步推论认为：历史成本法下，自然资源型企业的获取或者探采成本较低，进而企业能取得相对多的收益，此类情形下自然资源类企业存在超额收益。目前情况下，我国的自然资源类企业几乎仍将历史成本法作为自然资源性资产的计量基础，因此绝大部分自然资源企业的总资产中并没有将自然资源资产的公允价值进行计量或全额计量，与此同时，自然资源企业的收益中就隐藏了部分自然资源收益及补偿（损耗）的成本。基于此，我们将以自然资源类上市公司为样本，对该推论进行进一步验证。

（2）变量设计与实证检验

为了对研究假设进行实证检验，本节选用在 A 股上市的 35 家自然资源企业 2012—2016 年披露的数据，借鉴程昔武（2008）、耿建新等（2008）及邵学峰等（2016）的思路，对这些自然资源企业的社会平均收益率①进行对比分析。

①选取配对样本

本节在对配对样本进行选取时，主要基于以下几点进行考虑：一是样本企业与配对企业生产经营具有一定的相似性。自然资源企业在国民经济的行业分类中绝大部分属于第二产业，所以，在选择配对样本的时候，我们主要在第二产业上市公司中选取。还有部分企业在生产经营时主要以自然资源资产为基础，比如房地产企业通过非再生性的土地资源进行开发生产，我们在书中一并进行使用。二是规模差异区间小。从一定角度来说，上市企业的规模要素是影响企业收益率高低及边际成本效应的重要原因。本节我们使用期末总资产额作为企业规模的配对目标指标。三是上市企业地域特征。众所周知，地域距离是诸多上市企业，尤其是自然资源类上市企业收益率产生差异的重要影响因素，因此在选择配对样本的时候，按照省份、区域（东北、西南、西北或东、中、西部）依次进行选取。四是上市时间。在我国，所有上市企业的 IPO 具有一定的时间化特征，不同时期发行的股票，在发行制度、选择标准及企业性质上均有所差异。因此，对配对样本进行考虑时，优先选择同一时间区间内进行 IPO 的自然资源类企业。

在上述企业配对选择标准的基础上，为了使样本更具有丰富性及多样化，我们使用组合配对的原则，每个上市的自然资源企业确定两个配

① 社会平均收益率（SAR）具体指的是社会在某一特定时期内投资的平均回报率。对各类企业来说，通过 SAR 可以衡量其投入的资产或经营的回报效果。本书为了探讨自然资源资产类上市公司的超额收益率问题，因而需要首先确定特定时期的社会平均收益率。

对样本，A 组在满足条件 1、2 的基础上优先满足条件 4，即生产、规模、时间要素组合；B 组在满足条件 1、2 的基础上，优先满足条件 3，具体而言则是生产、规模、地域要素组合。

②实证检验

通过上述的研究假设以及选取配对样本的具体方案，我们进一步通过实证数据来寻找自然资源类上市企业与配对上市企业在收益率方面的差异程度。通过差异结果（均值差=自然资源企业−配对企业）论证样本中的自然资源上市企业是否存在超额收益率的现象，并进行收益的非零检验。选取的指标主要有总资产利润率（ROA）、净资产利润率（ROE）、主营业务利润率（ROMO）、营业性资产利润率（ROOA）四种，具体见表 4-1 和表 4-2。

表 4-1　　　　　A 组配对样本的 T 检验与 W 检验结果

对比项		ROA	ROE	ROMO	ROOA
自然资源类企业	样本数	121	121	121	121
	均值	0.096	0.131	0.417	0.126
	中位数	0.091	0.127	0.391	0.105
配对样本	配对数	121	121	121	121
	均值	0.049	0.077	0.278	0.074
	中位数	0.049	0.080	0.224	0.068
均值差		0.047	0.054	0.139	0.052
T 检验		4.174***	2.612**	2.902***	5.210***
W 检验		4.621***	3.191***	3.014***	5.647***

注：各利润指标为 2012—2016 年数据。具体而言，***表示在 1% 的水平上显著；**表示在 5% 的水平上显著。表中的显著性皆为双尾检验值。另外，由于对配对样本的筛选，部分样本被剔除。下同。

表 4-2	B 组配对样本的 T 检验与 W 检验结果				
对比项		ROA	ROE	ROMO	ROOA
自然资源类企业	样本数	121	121	121	121
	均值	0.098	0.124	0.377	0.122
	中位数	0.092	0.124	0.321	0.100
配对样本	配对数	121	121	121	121
	均值	0.052	0.073	0.264	0.071
	中位数	0.049	0.070	0.224	0.063
均值差		0.047	0.051	0.113	0.051
T 检验		4.022***	2.091*	5.202***	5.062***
W 检验		4.631***	2.997***	5.428***	5.447***

注：各利润指标为 2012—2016 年数据。具体而言，***表示在 1% 的水平上显著；*表示在 10% 的水平上显著。表中的显著性皆为双尾检验值。另外，由于对配对样本的筛选，部分样本被剔除。

4.1.3 自然资源类国有资本收益初次分配的矛盾与困境

我们从表 4-1 和表 4-2 的各项数据中可以看出，不论是均值抑或是中位数，还是 A 组与 B 组分别配对样本的情况下，自然资源类上市企业的总资产利润率（ROA）、净资产利润率（ROE）、主营业务利润率（ROMO）、营业性资产利润率（ROOA）都显著高于配对企业，其中 ROA 均值差高出 4.7%，ROE 均值差高出 5.3%，ROMO 均值差高出 1.26%，ROOA 均值差高出 5.1%。

从两组配对样本的结果来看，上市的自然资源企业收益率具有明显偏移向上的趋势，基本可以认定本节的假设：自然资源上市企业具有一定的超额收益率。从另外一个角度也论证了前人对自然资源类企业损耗计提不足或利润率偏高的理论，可归结于 Salah（1981）对于自然资源性资产收益和租金混同的研究结论[1]。因此，从政府角度来讲，对自然

---

[1] Salah（1981）提出自然资源性资产的收益包括经济性收益、成本性损耗及真实收益，后两部分之和即为自然资源资产的混合租金。

资源国有资本的收益从初始计量环节就存在着利润计量不足的困境，从一定程度上影响着自然资源资产的收益规模，同样印证了自然资源类企业的高利润率现象。这部分的研究结论揭示自然资源类国有资本收益在初次分配的时候就具有一些矛盾与困境，作为自然资源资产收益分配的源头环节，在以往的研究中没有引起足够的重视。在我国，中央政府作为具有自然资源资产所有权的主体，而自然资源类企业则作为资源性资产的支配主体，需要对收益进行上缴来形成初次的分配过程。因此，合理、有序地分清自然资源企业的收益来源、性质及数量是收益科学合理分配的前提与基础，唯此才能有效维护国有资本的权益。

4.2 二次分配：资源型企业利润上缴与国有资本经营预算统筹

我们在上节对自然资源企业的超额利润率进行了初步探讨。依循此思路，中央政府根据所有者身份对自然资源型国有资本取得的收益进行分配，而自然资源企业上缴的利润则通过国有资本经营预算进行管理，相较于公共预算既具有一定的独立性，同时也相互衔接。现阶段，国务院国有资产监督管理委员会（简称国资委）是自然资源国有资本的监管模式及机制的主导角色。自然资源资产在国有资本领域的分配从纵向上来说，主要有两个方面：一是国资委根据经济利益原则和国家利益原则对监管范围内自然资源企业的利润上缴比例进行分类，上报中央、全国人大审议通过；二是将自然资源国有资本收益中的多少比例统筹安排至公共支出领域。本节主要从资源型企业利润上缴与国有资本经营预算统筹两个方面深入探寻自然资源资产收益分配的流程内因。

4.2.1 资源型企业利润上缴：国际经验与中国现实

我国的国有资本收益分配机制改革虽然时间不长，但在制度设计及实践探索上取得了诸多的成就与突破，然而目前仍然处于改革的初始阶段，诸如自然资源资产的收益分配等一些难题亟待进行深入的剖析与破解。部分国家在国有资本收益分配方面研究较早，积累了较多的理论与实践经验。这些研究主要基于"一个假说、一个模型"的代理理论：一是收益分配能够有效地降低代理成本（Easterbrook，1984）；二是资本的收益分配是对股东权益有效保护的重要措施（La Porta，2000）。随后，Lang（1989）、Faccio（2001）分别对这一假说和模型进行进一步的验证。不同国家的国有资源型企业利润上缴需要仔细洞察自身的政治体制、管理水平、政府层级等要素，以此来决定预算分配如何满足政府的管理目标。本部分主要基于国有资源型企业收益上缴的视角，对不同国家的国有资源企业收益及分配进行比较分析，希望从中得到一定的经验与启示。

根据各国的国有自然资源企业发展实践，收益上缴及分配的模式在不断演化下主要分为四类较具代表性的模式：（1）国家控股资源型企业的模式。以意大利为代表，意大利政府控股国有超大规模的自然资源企业，从而形成对该类企业下属的集团公司、次级持股企业，乃至基层公司的绝对控股优势，保证国家作为所有者对自然资源企业收益的绝对分配权。在利润上缴比例方面，对于意大利的国有独资自然资源企业分别按照 15%、20% 和 65% 的比例作为科研资金、储备金以及上缴财政部门。（2）以财政部为主导的管理模式。此类模式下，国家授权财政部直接参与对国有自然资源企业收益的上缴以及再分配的过程，这样有助于直接与国家预算进行对接，但也弱化了对收益分配过程的有效监督。主要采用的国家有德国、法国、美国、日本等。在法国，自然资源型企业需要将收益的 50% 上缴财政部，剩余的利润一部分进入企业再生产的投入中，还有一部分则按照《公司法》进行股东分红，国有分红部分则继续上缴财政部。（3）以地方政府为主导的基金模式。美国阿拉斯加州就参股基金公司，对辖域内石油能源自然资源的收益进行全额管理与增值，将收入作为长期投资，支出则需要州议会的批准方能统筹纳入预算使用。阿拉斯加州将域内所有自然资源资产带来的收益及其联邦政府的分成收入全额纳入基金，且保证支出比例不低于 25%。（4）国有自然资源企业董事会决定收益提取比例。在瑞典，为了防止政府对自然资源企业收益提取比例随意而影响企业自身的发展，国有自然资源企业的董事会根据每年的收益情况及未来的发展需要，对国有资源参股部分向财政部上缴 33%～50% 的利润。

　　资源型企业利润上缴的类型、基本内容及实施国家和地区见表 4-3。

表 4-3　　　资源型企业利润上缴的类型、基本内容及实施国家和地区

类型	国家控股资源类企业的模式	以财政部为主导的管理模式	地方政府为主导的基金模式	国有自然资源企业董事会为主导
基本内容	（1）意大利政府控股国有超大规模的自然资源企业，从而形成对该类企业下属的集团公司、次级持股企业、基层公司的绝对控股优势；（2）保证国家作为所有者对自然资源企业收益的绝对分配权	（1）国家授权财政部直接参与对国有自然资源企业收益的上缴以及再分配的过程；（2）有助于直接与国家预算进行对接，但也弱化了对收益分配过程的有效监督	（1）美国阿拉斯加州就参股基金公司，对辖域内石油能源自然资源的收益进行全额管理与增值；（2）将收入作为长期投资，支出则需要州议会的批准方能统筹纳入预算使用	为了防止政府对自然资源企业收益随意设定提取比例而影响企业自身的发展，由国有自然资源企业的董事会决定上缴比例
上缴比例	在利润上缴比例方面，意大利的国有独资自然资源企业分别按照15%、20% 和65%的比例作为科研资金、储备金以及上缴财政部门	自然资源型企业需要将收益的50%上缴财政部，剩余的利润一部分进入企业再生产的投入中，还有一部分则按照《公司法》进行股东分红，国有分红部分则继续上缴财政部	阿拉斯加州将域内所有自然资源资产产生的收益及其联邦政府的分成收入全额纳入基金，且保证支出比例不低于25%	国有自然资源企业的董事会根据每年的收益情况及未来的发展需要，对国有资源参股部分向财政部上缴 33%～50%的利润
主要实施国家和地区	意大利	德国、法国、美国、日本等	美国阿拉斯加州	瑞典

　　资料来源　根据 Bahl（2002）、World Bank（2006）、Ostrom（2008）、王意（2015）整理得出。

反观我国的现状，主要可以从两个角度进行思考：一方面，以中央政府和资源型国有企业为例，由于我国是以公有制经济为主体，国有资源型垄断企业的先天优势明显，因而利润也相当可观。十八届三中全会提出将国有企业利润上缴比例调至现行的 20%，烟草企业上缴比例增至 25%，到 2020 年提高至 30%。譬如，中国石油天然气集团公司、中国石油化工集团公司、中国海洋石油总公司等上缴利润比例为 20%；中国有色矿业集团有限公司、中国盐业总公司等上缴利润比例为 15%。从目前其他国家的情况来看，英国经营状况良好、利润可持续增长的企业所上缴的利润占净利润的 70% ~ 80%，其他国家对国有企业提取可分配利润的比例也达到 30% ~ 50%。相较之下，我国的资源型国企在利润上缴方面还有很大的提升空间。另一方面，以中央政府和资源型普通企业为例，根源于资源类税费征缴的体制障碍，造成税费政策在调节企业间收入级差方面功能缺失。在资源价格走俏时期，矿产、煤炭、房地产等资源型行业通过国家的自然资源获取大规模私人财富，不仅引致国有资源资产的流失，还影响了中央的资源收益。究其原因，主要是产权制度的缺失，国家没有严格区分资源资产所有者、占有使用者、经营管理者之间的收益分配关系，也没有明确的法律规范和保障。因而，改革中央政府与资源型企业之间的收益分配关系十分必要。

4.2.2 约束收益再分配的预算因子考量

在对资源型企业利润上缴方面国际经验与中国现实的梳理中，我们可以发现，我国政府与自然资源企业间的资源收益分配关系是不合理的。然而，这一收益分配关系的最终改革着力点在于国有资本经营预算的使用方面。对于自然资源型国有企业来说，其生产经营取得的收益中一部分是属于垄断性利润，是根据中央政府或国资委授予的特许生产经营权或资源使用权的所得；另一部分是通过市场交易获得的，但对于自然资源型企业来说，这部分"市场性"利润的源头依然来自于国家对自然资源的授权使用，即国有资本投入的保值增值。因此，从这两个视角出发，我们可以认为资源型国有资本收益分配应是财政收益分配的关键要素之一，自然资源国有资本"全民所有"的本质属性必然要求其在国有资本经营预算方面体现突出的民生导向。然而目前的国有资本经营预算对于自然资源企业上缴的利润又返还给企业，"体内循环"现象严重，如此安排对于收益的再分配形成了一定的约束效果。本部分着重从国有资本经营预算收支数据来考量约束收益再分配的预算因子。

根据 2010—2016 年国有资本经营决算数据（如图 4-1 所示），国有资本经营预算总收入、总支出及中央企业上缴利润、石油等自然资源企业上缴利润波动态势较为一致，2010—2015 年持续上升，2016 年均有不同程度的下降趋势，与新常态经济大环境相吻合。我们注意到，石油、煤炭等自然资源企业上缴的利润率从 2010 年的 35.20% 先上升至41.21%，又逐渐下降至 37.99%、33.71%、33.16%，在 2014 年出台《财政部关于进一步提高中央企业国有资本收益收取比例的通知》（财企〔2014〕59 号）文件之后，将第二类自然资源企业的利润上缴率提高至20%，随后 2015 年自然资源企业利润上缴数占中央企业利润比重继续上涨，2016 年由于国际能源市场价格波动，这一比例有一定的下行趋势。尤其值得关注的是，国有资本经营决算中社会保障支出无论从规模还是增量上来说，都处于一个低位运行状态，社会保障支出占国有资本经营预算总支出的比重更是在 2011—2013 年处于 9.00% 以下较低态势，在 2016 年也仅达到 16.96% 的水平。由此可见，纳入国有资本经营预算的绝大部分资源型企业利润，在二次分配的时候仍然"流入"国有企业内部的循环链条中去，资源型国有企业的民生公共属性被弱化。

具体而言，我们结合表 4-4 中 2016 年国有资本经营支出结构分类明细来看，2016 年国有资本经营预算总支出为 1696.61 亿元。其中，用于国有企业自身支出分配的金额达到了 76.00%，主要用途为处置僵尸企业、国有企业资本金注入、政策性补贴以及中央对地方转移支付等四大领域。国有企业资本金注入中，对国有经济结构调整支出达到了 203亿元，主要用于支持装备制造业发展，以及中央文化企业产业升级与发展等；中央对地方转移支付中，"三供一业"移交补助支出的预算数约为 180 亿元，而实际的决算数达到了 436.28 亿元，是预算数额的 2.42倍，这主要是由于自 2016 年起国有企业"三供一业"分离移交工作在全国范围内的全面启动，根据地方"三供一业"分离移交工作推进情

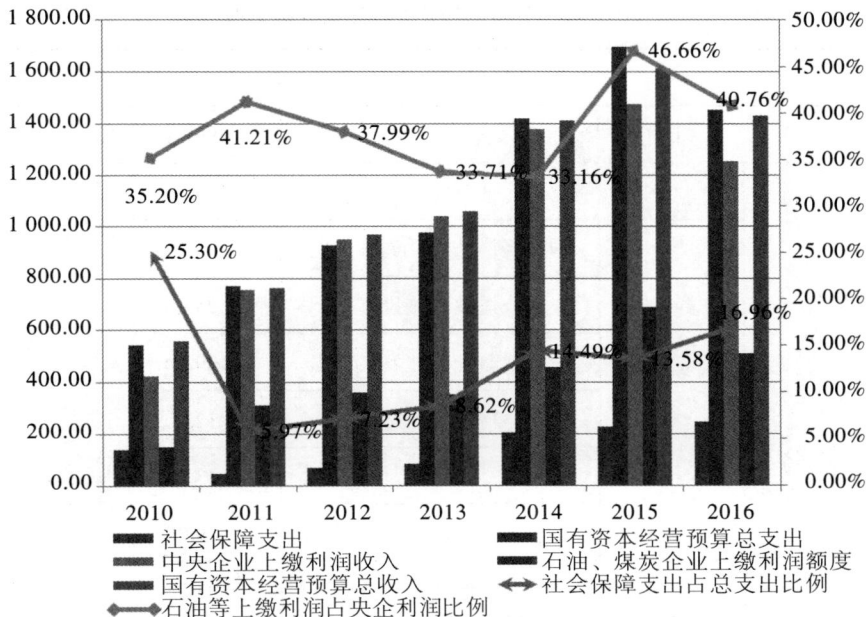

图 4-1　2010—2016 年我国国有资本经营决算情况

资料来源　根据 2010 年以来财政统计年鉴和中国经济数据库（CEIC）数据整理而得。

况，将中央本级部分支出进展缓慢的项目资金下划，用于中央下放地方企业"三供一业"移交补助。需要我们重点关注的是，民生方向的支出仅仅达到 18.01%。从这一支出结构来看，国有企业利润通过上缴及国有资本经营预算的再分配过程，约 76.00% 的利润笼统地回归国有企业用于自身的发展及再生产，从一定程度上削弱了国有资本再分配的功能。

4.2.3　国有资本经营预算的功能提升

本章我们先对自然资源型企业的超额利润率进行了简要测度，分析得出国有资本经营预算的约束也是影响自然资源国有资本收益再分配的关键因素之一，因此明确国有资本预算的地位、提升其功能是未来改革的重要方向。

就目前而言，国有资本经营预算的支出结构依然以国有企业的"体

表 4-4　　　　　　**2016 年国有资本经营支出结构分类明细**

项目			金额（亿元）	百分比
国有资本经营总支出			1 696.61	100%
国有企业支出分配	化解产能过剩、处置僵尸企业		283.24	76.00%
	国有企业资本金注入	国有经济结构性调整支出	203.00	
		公益性设施投资	25.00	
		前瞻战略性产业发展支出	100.00	
		科技进步支出	12.00	
		对外投资合作	43.00	
		中央企业安全生产能力建设	16.00	
	国有企业政策性补贴		93.28	
	中央对地方国有资本经营转移支付支出	"三供一业"移交补助	436.28	
		支持厂办大集体改革支出	0.37	
		国有企业改革成本支出	76.88	
民生方向支出	国有股减持补充社保基金		59.61	18.01%
	调入补充一般公共预算		246.00	
其他支出			101.95	5.99%

资料来源　根据 2016 年国有资本经营预算决算及其说明整理得出。

内循环"为主，尚未凸显民生导向，虽然逐步提高了国有资本利润上缴的比例，但现实来看，民生支出总比例仍未达 20%，涉及农林、教育的支出更是处于维稳状态，弱化了国有企业本身的"公共属性"。未来，我们需要健全国有资本经营预算的绩效评价制度，在实践中逐步完善各类标准、流程及指标等，以达到引导国有资本经营预算的支出结构优化，突出支出重点。值得我们注意的是，对于国有资本经营预算回归企业再生产的比例需要慎重考虑，既不能影响企业资本性投资及生产可持续性，亦不可因为比例的约束造成过度投资，须将国有资本经营预算定位于兼顾企业再生产与服务公共财政的平衡状态。同样，我们也需要强化对国有资本经营预算的硬约束作用，对于盲目且低效的财政补贴要及时停止，以提高资金使用效益为前提，逐步推进全民共享自然资源资本收益带来的红利。此外，我们还需要基于法律视角来明确国有资本经营预算的全过程。现有政策规章中对民生类相关的支出定义稍显笼统及含糊，当涉及民生性支出与资本性支出的冲突问题时，较大概率会出现资本性支出挤占民生支出的现象。国家应该通过法律明确规定国有资本经营预算中民生支出的比例、资金分配和支出流程。最后，我们可以强化国有资本预算与一般公共预算、社保基金预算的统筹度①，如此可以缓解一般公共预算及社会保险基金预算的刚性压力，以弥补公共财政资金的缺口，提高其再分配的功效，进一步符合其公共属性。

4.3　资源型国有资本收益分配模拟——基于 Shapley 值法

我们在 4.1 节和 4.2 节中对资源型国有资本的初次分配、二次分配分别进行了测度与纵向考察。通过实证检验以及数据比对，我们可以发现，对于资源型国有资本收益分配来说，收益分配的统筹方向并不是关键节点，真正需要加以深化研究的是纵向收益分配过程中的结构问题，尤其是国有资本经营预算中的民生比例如何进行优化。本节我们借鉴 Shapley 值法，尝试在合作对策中优化资源型国有资本的收益分配。

4.3.1　Shapley 值法的引入与应用

资源型国有资本收益分配问题由于其收益分配流程的多元性，以及分配主客体的复杂性，中央政府、地方政府、企业及居民的收益共享问题一直是学者们所研究的重要议题之一。Shapley 值法是合作对策理论中的关键方法，是解决复杂收益分配问题的较好选择，用以解决 M 个

---

① 在未来中期财政规划及跨年度预算平衡的大方向上，预算的资金缺口主要来自一般公共预算及社会保险基金预算，作为不列赤字的国有资本经营预算，在中长期从结构上降低企业的超额利润率，提高收益分配效率，可以尝试将其作为一般公共预算及社会保险基金预算的固定来源之一。

主体合作过程中对收益分配权重的影响问题。

我们假设 m 位成员组成的合作集合为 $M = \{1, 2, 3, ..., m\}$，根据各利益主体在资源型国有资本收益分配中的权重系数对收益进行重新配置，一切均从全局利益出发。在对 Shapley 值进行求解时，需要满足以下条件：

（1）合作博弈具有一定的对称性，即在合作过程中，两位主体产生互相替代的现象时，对合作的最终结果不产生影响。用数学公式可以表达为，对任意 w 与 i 进行互换，有如下结果：

$$\phi_{w(i)}(wv) = \phi_i(v) \tag{4-5}$$

（2）在合作过程中对于加入的某位主体并未使得整个合作集合的收益增加，则对于该主体的收益分配额为零，具体表达为：

$$\sum_{i=1}^{m}\phi_i(v) = \sum_{i=1, i \neq m}^{m}\phi_i(v) \tag{4-6}$$

其中，$i = (1, 2, 3, ..., n, ..., m)$；$\phi_n(v) = 0$。

（3）合作具有一定的协同效应，即各主体创造的收益之和等于 $v(T)$，则：

$$\sum_{i \in T}\phi_i(v) = v(T) \tag{4-7}$$

（4）任意两个合作主体的博弈之和等于两个博弈值之和，即为可加可分原理。给出任意的 u 和 v，有：

$$\phi_i(u + v) = \phi_i(u) + \phi_i(v) \tag{4-8}$$

各主体的行动集合对于收益分配的方案向量定义为：$\phi_i(v) = \{\phi_1(v), \phi_2(v), ..., \phi_m(v)\}$，则存在有且仅有的 Shapley 值 $\phi(v)$：

$$\phi_i(v) = \sum_{T \subseteq M, i \in T}\frac{(t-1)!(n-t)!}{n!}[v(T) - v(T - \{i\})] \tag{4-9}$$

式（4-9）中，$t = |T|$ 表示 t 是集合 T 中的元素数量，$\frac{(t-1)!(n-t)!}{n!}$ 为加权因子。进一步地，设 $Q(|t|) = \frac{(t-1)!(n-t)!}{n!}$。我们可以解释为 Shapley 的值来源于某一概率，假设各行为主体按照随机顺序形成集合体，则各种次序安排的发生概率皆为 $\frac{1}{n!}$，某一行为主体

与其他的 |t| − 1 主体进一步形成集合体 S。其中，行动主体 i 集合体的贡献权重则可记为 [v (T) − v (T − {i})]。此外，子集合体 T − {i} 与子集合体 M − T 的合作者按序排列的次序有 (t − 1)! (m − t)! 类。依据此分析，合作者 i 在集合中的贡献权重值即为 Shapley 的概率值，此概率值在分析过程中考虑了资源型国有资本的收益分配问题需要满足"按贡献分享与按需求共享"的二元分配取向，也反映了所有主体在集合中的重要性不可或缺。有且仅存在一个 Shapley 值：

$$\begin{cases} \phi_i(v) = \sum_{T \subset M, i \in T} \dfrac{(t-1)!(n-t)!}{n!} [v(T) - v(T - \{i\})] \\ Q(|t|) = \dfrac{(t-1)!(n-t)!}{n!} \end{cases} \tag{4-10}$$

4.3.2 基于全民共享视角的收益分配模拟

根据 2016 年国有资本经营决算支出的分类结构明细，民生方向的支出仅为 18.01%。从这一支出结构来看，国有企业利润通过上缴及国有资本经营预算的再分配过程，约 76.00% 的利润笼统地回归国有企业用于自身的发展及再生产，其中 16.70% 可以视为中央政府的收益分配；约 30.27% 是中央对地方国有企业的"三供一业"移交补助、支持厂办大集体改革支出以及国有企业改革成本支出等，这类即视为地方政府的收益分配；而注入国有企业资本金的 29.10% 部分则视为企业收入。我们可以发现，现行的国有资本收益分配格局尚无法充分保障居民的切身权益。因此，我们有必要尝试平衡国有资本经营预算下四类利益主体之间的收益分配，通过 Shapley 值法尝试对国有资本经营预算支出进行内部分配比例的优化，确定唯一的 Shapley 权重比例对既有收益进行再分配模拟。表 4–5 至表 4–8 为不同合作状态下四类利益主体的收益模拟值。

4.3.3 数据对比与结果分析

根据表 4–5 至表 4–8，我们分别计算出中央政府、地方政府、居民与企业的收益占比分别为 26.40%、25.30%、28.60%、19.70%，见表 4–9。

表 4-5　　　　　　　　不同合作状态下中央政府的收益模拟值

T	1	1U2	1U3	1U4	1U2U3	1U2U4	1U3U4	M
$v(T)$	3	6	8	5	12	9	11	30
$v(T-\{i\})$	0	2	4	1	7	5	5	10
$v(T)-v(T-\{i\})$	3	4	4	4	5	4	6	20
$|T|$	1	2	2	2	3	3	3	4
$Q(|t|)$	1/4	1/12	1/12	1/12	1/12	1/12	1/12	1/4
$Q(|t|)[v(T)-v(T-\{i\})]$	3/4	4/12	4/12	4/12	5/12	4/12	6/12	20/4

表 4-6　　　　　　　　不同合作状态下地方政府的收益模拟值

T	2	2U1	2U3	2U4	2U1U3	2U1U4	2U3U4	M
$v(T)$	2	6	7	5	12	9	10	30
$v(T-\{i\})$	0	3	4	1	8	5	5	11
$v(T)-v(T-\{i\})$	2	3	3	4	4	4	5	19
$|T|$	1	2	2	2	3	3	3	4
$Q(|t|)$	1/4	1/12	1/12	1/12	1/12	1/12	1/12	1/4
$Q(|t|)[v(T)-v(T-\{i\})]$	2/4	3/12	3/12	4/12	4/12	4/12	5/12	19/4

表 4-7　　　　　　　　不同合作状态下全体公民的收益模拟值

T	3	3U1	3U2	3U4	3U1U2	3U1U4	3U2U4	M
$v(T)$	4	8	7	5	12	11	10	30
$v(T-\{i\})$	0	3	2	1	6	5	5	9
$v(T)-v(T-\{i\})$	4	3	5	4	6	6	5	21
$|T|$	1	2	2	2	3	3	3	4
$Q(|t|)$	1/4	1/12	1/12	1/12	1/12	1/12	1/12	1/4
$Q(|t|)[v(T)-v(T-\{i\})]$	4/4	3/12	5/12	4/12	6/12	6/12	5/12	21/4

表 4-8　　　　　不同合作状态下资源型企业的收益模拟值

T	4	4U1	4U2	4U3	4U1U2	4U2U3	4U3U4	M
v（T）	1	5	5	5	9	11	10	30
v（T－{i}）	0	3	2	4	6	8	7	12
v（T）－v（T－{i}）	1	2	3	1	3	3	3	18
|T|	1	2	2	2	3	3	3	4
Q（|t|）	1/4	1/12	1/12	1/12	1/12	1/12	1/12	1/4
Q（|t|）[v（T）－v（T－{i}）]	1/4	2/12	3/12	1/12	3/12	3/12	3/12	18/4

表 4-9　　　　　自然资源资产收益分配比例对比

	国有资本决算结构	模拟分配比例	差额
中央政府	16.70%	26.40%	9.70%
地方政府	30.70%	25.30%	−5.40%
全体公民	18.01%	28.60%	10.59%
资源型企业	29.10%	19.70%	−9.40%

　　由表 4-9 可以看出，Shapley 值法下资源型国有资本收益分配格局得到了重新统筹，中央政府的收益从 16.70% 上升至 26.40%，增加了 9.70%；地方政府的收益从 30.70 下降至 25.30%，降低了 5.40%；全民共享收益从 18.01% 上升至 28.60%，大幅上升了 10.59%；资源型企业的收益从 29.10% 下降至 19.70%，降低了 9.40%。这一结果一方面充分强化了国有资本经营支出中民生支出的比例，削弱了自然资源型国有企业"利润上缴—资本金注入"的体内循环模式，有力地保证了全体公民作为国家自然资源资产所有者应享有的收益；另一方面，中央政府与地方政府在收益比例上有变动，强化了中央政府的收益比例，更加有力地保障了中央政府在国家治理视阈下对于预算支出的统筹能力。因此，Shapley 值法计算出的收益分配比例具有一定的合理性及适用性。

　　未来，我们需要健全国有资本经营预算的绩效评价制度，在实践中逐步完善各类标准、流程及指标等，以达到引导国有资本经营预算的支出结构优化，突出支出重点。值得我们注意的是，对于国有资本经营预算回归企业再生产的比例需要慎重考虑，既不能影响企业资本性投资及生产可持续性，亦不可因为比例的约束造成过度投资，应将国有资本经营预算定位于兼顾企业再生产与服务公共财政的平衡状态。

4.4 资源型国有资本收益分配改革的目标校准

对自然资源资产收益分配从纵向流程进行结构探析，归结问题背后的深层次原因，进而继续探寻推进资源型国有资本收益分配的改革条件，需要深入分析资源型国有资本收益分配重构所需的运行条件，在全局视阈下把握收益分配改革的节奏、次序。

4.4.1 资产化管理与资源化管理的有机分离

在解决如何将资产化管理从资源化管理模式中剥离的问题之前，需要明确基本目标，即通过对自然资源实施资产化管理，从而使自然资源的使用、发展和保护踏入良性循环轨道，同步实现资源资产行业的经济效益、社会效益以及生态效益。为此，本书依据《全国主体功能区规划》的原则和自然资源资产的两重性，将经营性资源资产与公益性资源资产区分开来，按不同功能和原则统一管理，推动资产化管理与资源化管理的有机结合。

一方面，经营性资源资产以实现经济价值功能为主，以维护所有者利益为主要目标，譬如，农业生产用地、经营性建设用地及矿产、商业林木等资源。鉴于现阶段我国对国有经营性资源资产尚未形成规范、透明的市场原则，使其未能纳入市场体系达到合理运营及监管的效果，理应优先将其分离，实行资产化管理。结合经营性国有资产的改革经验，可建立专门的资源资产运营公司，其独立于资源行政管理部门之外。依法明确规定相应的运营管理主体，并有序构建完善统一的经营性资源资产监管体系，探索国家所有权、经营权与监督权能的分离，建立相对完整的现代企业制度。对于战略性资源资产，国家可按市场规律评估其价值，将其折合为股份，组建国有控股资源型企业，参照经营性国有企业改革模式实施考核管理。对于一般性资源资产，可放开经营权利，实行国家、集体、个人等多种资本均可进入的混合所有制企业，提高自然资源资产的经营效率。

另一方面，公益性资源资产以生态环境功能为主，以全民福利效益为主要目标。公益性资源资产是不以营利为目的、完全用于满足社会福利的自然资源资产，等同于公共产品。譬如，各地域的风景名胜区、自然保护区、国家森林公园、国家地质公园甚至生态防护林等都属于公益性资源资产。对于保护区类资源资产，应将其从资源行政管理部门内分离，建立独立的专业化资源性资产保护机构，统一负责各级风景区，合理划分中央和地方的管理层级，将国家级的公益性资源资产纳入中央层级直接管理。对于其他公共产品类的资源资产，坚持国家所有、政府经营的管理模式，明确相应的代理机构及管理主体，建立完善统一的公益性资源资产监管体系，禁止公益性资源资产用于非公共领域，实行资源化管理。

4.4.2　储蓄基金、稳定基金与预防基金的构建

资源型国有资本的收益容易受市场交易价格及经济周期波动影响，同时自然资源自身具有总量大和分布广的特征，因此如何破解资源诅咒难题一直是所有资源型国家需着手解决的重要难题。目前来看，建立自然资源类基金制度是各个国家的普遍选择，中国暂时在这一方面较为欠缺。从中长期角度出发，建立可持续发展的自然资源资产收益分配制度需要依赖较为完善的自然资源资产财富管理及融资制度，保证代际可以享受凭借自然资源资产权利来建立的资源资金储蓄、稳定以及预防基金[①]。然而，关于自然资源资产基金也存在一些争议，一些学者认为在欠发达国家，宜将自然资源资产消费支出赋予较大的权重，以促进经济发展与人力投资。值得注意的是，我们在思考自然资源资产收益分配时需要着力考虑长期效应，在代际取得一个平衡系数，既可保证资源的可持续性，又可通过现有收益组成一个储蓄基金、稳定基金与预防基金的多元组合。

---

① 例如，实施效果较好的"哈特威克规则"的原理即是对于提取的投资收益金设定限额，同时保证基金余额总量保持稳定增长。

从各个国家的实践来看，与自然资源资产相关的主权财富基金主要分成三种类型（见表 4-10）：一是储蓄型基金。以文莱、智利、博茨瓦纳为代表。文莱于 1983 年将石油工业的收益用于外汇储备，并用此基金提供免费教育和医疗；智利的社会经济稳定基金于 1985 年设立，总规模达到 218 亿美元，无论从规模还是时间上看都处于各国的前列，智利主要将收益配置于养老金缺口，以防养老金可持续性危机的发生，在 2009 年经济危机期间虽然财政收入下降了 23%，智利政府通过此基金向低收入家庭补贴 80 亿美元，当年智利的财政支出规模却上升了 15.4%，突显逆周期的功效。二是稳定型基金。蒙古国在 2013 年设立蒙古人健康基金，将铜、金的收益直接安排至中央预算中，再统筹分配给所有公民，而且规模达到 300 亿美元，是诸国中全民共享度最高的基金类型。尼日利亚在 2011 年设立的主权投资基金，则侧重于将基金分配于国家基础设施的建设及人力投资，但基金规模较小，目前透明度也相对较低。三是预防型基金。以卡塔尔、美国德克萨斯州以及阿塞拜疆为代表。此类基金着力于能源投资、教育投资缺口和国家预算，以预防功能为主，以防降低社会福利水平及经济萧条的冲击。

4.4.3　自然资源资产负债表的编制与执行

党的十八届三中全会明确指出将编制自然资源资产负债表作为下一阶段探索的目标，这与我们研究论证的自然资源资产收益分配息息相关，从某个角度来说，是自然资源资产收益分配的前提与基础①。现有的一些研究认为，充分核算并统计自然资源资产的存量是首要条件，准确记录使用者在期末和期初（以资源型企业为主）对资源的实际开采、消耗、保值及恢复情况（封志明等，2014）。我们知道，对自然资源进行科学合理的计量是编制自然资源资产负债表的核心要素之一，然而自然资源资产的产权制度又是自然资源资产负债表的前提与保障，二者相互影响、缺一不可。自然资源资产负债表框架如图 4-2 所示。

---

① 从这一制度的立意来说，主要是基于制度的倒逼改革方式，用以约束地方领导干部在执政期唯 GDP 而弱化环境保护的行为，推进自然资源资产的合理利用及保护。

表 4-10　　　　　　　　自然资源资产相关的主权财富基金类型

类型	储蓄型基金			稳定型基金			预防型基金		
国家和地区	文莱	智利	博茨瓦纳	蒙古	东帝汶	尼日利亚	卡塔尔	美国德克萨斯州	阿塞拜疆
发行时间	1983	1985	1994	2013	2005	2011	2005	1895	1995
分配方式	将石油工业的收益用于外汇储备	将收益配置于养老金缺口	分配于外汇储备及后代基金	中央预算拨款安排	通过预算统筹,提高比例限制	主要转移至未来基金及基础设施基金	能源部门进行多元化投资	用于支持本地学校的教育资金缺口	用于国家预算及储蓄
经济影响	政府用此基金提供免费教育和医疗	经济危机期间补贴家庭80亿美元	主要集中于可持续的人力投资	直接发放至所有公民	弥补中央财政教育、卫生资金缺口	支持人力及基础设施投资	提高国家财富的平均水平	—	预防经济危机发生
金额(亿美元)	30	218	69	300	83	10	850	—	20
主要资源	石油	铜	钻石	铜、金	天然气	石油	石油	矿产	石油

资料来源　根据 Ploeg（2011）、陈伟（2014）、Mendoza（2015）、张波（2017）等整理得出。

自然资源资产负债表的计量与确权不仅是一个较为独立的系统工程,而且是国民经济核算体系的关键要素之一。目前来讲,自然资源资产的计量内容主要体现在三个方面:其一,对价值及实物的计量与确权。自然资源资产负债表目前尚未形成制度化执行模式,一切都应遵循从试点到推广的节奏。在对资源价值及资源实物进行计量时,首先需要完整的基础数据及可以共享的数据库,而现状是同类资源在各地域之间还存在着信息壁垒。自然资源资产的价值计量基于翔实的物理统计以及正确的估价,可以运用比较分析法或者账户法,在某一空间域内体现自然资源资产的增减及变化,通过对各类资源总体的核算,以形成横向与纵向的对比。其二,动态流量与静态存量的计量。自然资源资产并不是

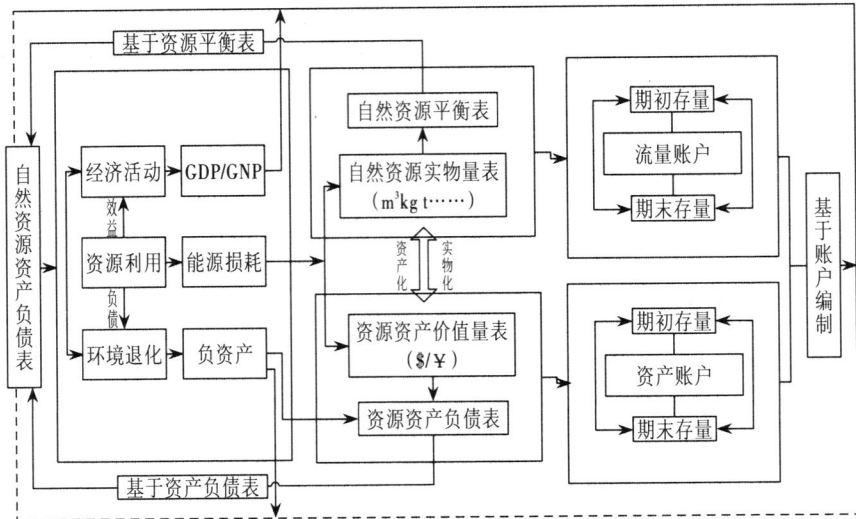

图 4-2　自然资源资产负债表框架

一个简单的静态存量概念，还需要对动态的流量进行精确统计，以便清楚地了解某一资源或某一地区各类资源的变化，还可以有效地分析资源流量与经济流量间的数量关系。其三，分类与综合相结合的计量手段。自然资源资产负债表的复杂性因素之一就是由于自然具有多样性，不同属性的资源横向比较具有一定的难度与差异。因此，在编制自然资源资产负债表时需要逐类对各种资源进行存量与流量的计量核算。但目前对于自然资源的虚拟量化仍然是难点之一，在未来可以考虑先分类再综合，优先将实物类自然资源编进表中，奠定翔实的数据基础。

4.5　本章小结

本章着力对资源型国有资本收益分配流程与结构进行探析，从企业上缴利润到国有资本经营预算对收益进行二次分配，尝试对每个环节中影响收益分配的矛盾与困境进行确认，进而以全民共享为出发点对资源型国有资本的收益分配进行模拟，并提出推进资源型国有资本收益分配改革的条件及途径。

首先，一般来说，资源型企业通过资本化的自然资源资产所有权对自然资源资产进行采掘与炼制，进而形成经济增长及社会生产所需要的一般生产资料，并获得自然资源资产积累性收入，以此形成企业的收益来源。长期以来，为了保证国有经济的主导地位及控制力，自然资源型国有资本主要采取国有化策略。然而，近年来诸多学者提出由于政府对资源型企业的隐形补贴和自然资源国有资本的特殊性，可能会造成资源型企业的超额收益及隐形价值的存在，直接从源头上影响企业利润的确认及上缴。从两组配对样本的结果来看，上市的自然资源资产企业收益率明显有偏移向上的趋势，基本符合本章的假设：自然资源上市企业具有一定的超额收益率。从另外一个角度也论证了前人对自然资源型企业损耗计提不足或利润率偏高的理论，可归结于 Salah（1981）对于自然资源资产收益和租金混同的研究结论。因此，从政府角度来讲，对自然资源国有资本的收益从初始计量环节就存在着利润计量不足的困境，在一定程度上影响着自然资源资产的收益规模，同样印证了自然资源类企业的高利润率现象。这部分的研究结论揭示自然资源类国有资本收益在初次分配的时候就具有一些矛盾与困境，作为自然资源资产收益分配的源头环节，在以往的研究中没有引起足够的重视。在我国，中央政府作为具有自然资源资产所有权的主体，自然资源型企业则作为资源性资产的支配主体，需要对收益进行上缴来形成初次的分配过程。因此，合理、有序地分清自然资源型企业的收益来源、性质及数量是科学地进行收益分配的前提与基础，唯此才能有效维护国有资本的权益。

其次，中央政府根据所有者身份对自然资源型国有资本取得的收益进行分配，自然资源企业上缴的利润通过国有资本经营预算进行管理，相较于公共预算既具有一定的独立性，同时也是相互衔接的。现阶段，国务院国有资产监督管理委员会是自然资源国有资本的监管模式及机制的主导角色。自然资源资产在国有资本领域的分配从纵向上来说，主要有两个方面：一是国资委根据经济利益原则和国家利益原则对监管范围内的自然资源企业利润上缴比例进行分类，上报中央、全国人大审议通过；二是将自然资源国有资本收益按比例统筹安排至公共支出领域。在对资源型企业利润上缴方面国际经验与中国现实的梳理中，我们可以发现，我国政府与自然资源企业间的资源收益分配关系是不合理的。然而，这一收益分配关系的最终改革着力点在于国有资本经营预算的使用方面。对于自然资源型国有企业来说，其生产经营取得的收益中一部分是属于垄断性利润，是根据中央政府或国资委授予的特许生产经营权或资源使用权的所得；另一部分是通过市场交易取得的，但对于自然资源型企业来说，这部分"市场性"利润的源头依然来自于国家对自然资源的授权使用，即国有资本投入的保值增值。因此，从这两点出发，我们可以认为资源型国有资本收益分配是财政收益分配的关键要素之一，自然资源国有资本"全民所有"的本质属性必然要求其在国有资本经营预算方面体现突出的民生导向。然而目前的国有资本预算对于自然资源企业上缴的利润又返还给企业，"体内循环"现象严重，这种预算安排对于收益的再分配形成了一定的约束效果。

再次，4.1 节和 4.2 节中分别对资源型国有资本的初次分配、二次分配分别进行测度与纵向考察。通过实证检验以及数据比对，我们可以发现，对于资源型国有资本收益分配来说，收益分配的统筹方向并不是关键节点，真正需要加以深化研究的是纵向收益分配过程中的结构问题，尤其是如何优化国有资本经营预算中的民生支出比例。我们借鉴 Shapley 值法，尝试在合作对策中优化资源型国有资本的收益分配，对资源型国有资本收益分配格局进行了重新统筹，中央政府的收益从 16.70% 上升至 26.40%，增加了 9.70%；地方政府的收益从 30.70% 下降至 25.30%，降低了 5.40%；全民共享收益从 18.01% 上升至 28.60%，大幅上升了 10.59%；资源型企业的收益从 29.10% 下降至 19.70%，降低了 9.40%。这一结果一方面充分强化了国有资本经营支出中民生支出的比例，削弱了自然资源型国有企业 "利润上缴—资本金注入" 的体内循环模式，有力地保证了全体公民作为国家自然资源资产的所有者应享有的收益。另一方面，中央政府与地方政府在收益比例上有变动，强化了中央政府的收益比例，更加有力地保障了中央政府在国家治理视阈下对于预算支出的统筹能力。因此，Shapley 值法计算出的收益分配比例具有一定的合理性及适用性。未来，我们需要健全国有资本经营预算的绩效评价制度，在实践中逐步完善各类标准、流程及指标等，以达到引导国有资本经营预算的支出结构优化，突出支出重点。值得我们注意的是，对于国有资本经营预算回归企业再生产的比例需要慎重考虑，既不能影响企业资本性投资及生产可持续性，亦不可因为比例的约束造成过度投资，应将国有资本经营预算定位于兼顾企业再生产与服务公共财政的平衡状态。

最后，对自然资源资产收益分配从纵向流程进行结构探析，归结问题背后的深层次原因，进而继续探寻推进资源型国有资本收益分配的改革条件，深入分析资源型国有资本收益分配重构所需的运行条件，在全局视阈下把握收益分配改革的节奏、次序。在解决如何将资产化管理从资源化管理模式中剥离的问题之前，需要明确基本目标，即通过对自然资源实施资产化管理，从而使自然资源的使用、发展和保护踏入良性循环轨道，同步实现资源资产行业的经济效益、社会效益以及生态效益。为此，本书依据《全国主体功能区规划》的原则和自然资源资产的两重性，将经营性资源资产与公益性资源资产区分开来，按不同功能和原则统一管理，推动资产化管理与资源化管理的有机结合。资源型国有资本的收益易受市场交易价格及经济周期波动的影响，并且自然资源本身也具有总量大和分布广的特征，如何破解资源诅咒难题一直是所有资源型国家需着手解决的重要难题。目前看来，建立自然资源类基金制度是各个国家的普遍做法，我们国家在这一方面暂时还是较为欠缺的。从中长期角度出发，建立可持续发展的自然资源资产收益分配制度需要依赖较为完善的自然资源资产财富管理及融资制度，保证代际均可以享受到利用自然资源资产的权利，建立资源资金储蓄、稳定以及预防基金。

5　政府间自然资源资产收益分配：
一个总体架构

　　本章立足于国家自然资源资产收益分配的内生机理，以资源性资产的收益依据、收益形式、中央和地方政府之间的分配结构为研究对象，分析当前中央与地方政府就资源收益分配方面存在问题的原因，并以不完全信息动态博弈模型考察政府与居民之间应如何实现利益共享，为后续研究提供契机。

5.1　自然资源资产收益分配的内生机理

　　重塑自然资源资产在中央和地方政府间的收益分配格局，应明晰自然资源资产于社会发展的经济效用，并挄清中央政府和地方政府面临利益分配时的行为选择，以期较为全面地分析现阶段调整分配格局的必要性。

5.1.1　角色定位与实现形态

通常情况下，一国或者某一地区自然资源资产越丰富，意味着对生产力发展的影响就越强，本国或资源性资产属地的财政收入总量就越能显著提高。因此，自然资源资产在政府间的收益分配中主要担任下列两种角色：

一方面，国家自然资源资产是实现经济发展的重要基石与条件。自然资源资产通常转化为一般生活条件和一般生产条件两类，属人类生存的必要物质资料。人类通过生产活动，获取物质财富，而生产活动所作用的物质媒介，无一不是自然界所提供的，无论是现有的资源资产，抑或是劳动赋予价值的物品，其本质都是来源于自然。政府在对天然生产资料的开发过程中，会对其投入资金、技术加以改造，在市场经济条件下，一般生产条件和一般生活条件除表现为企业生产场所、生产空间和社会成员生存条件、生存空间外，还具体表现为外交平等、主权独立和国家机器正常运转的政治环境，经济稳定、经济结构优化、企业生产和居民生活基础设施完善的经济环境，社会秩序良好、医疗制度、教育制度、国民福利等一系列制度健全的社会环境。恩格斯认为："只有劳动与自然界完美结合，才能成为一切财富的源泉，劳动从自然界获取原材料，再将其转化为财富。"①虽然政府行为使自然资源资产的开发广度与深度不断强化，但自然界始终是一切生产资料与生产对象的首要源泉，是社会实现简单生产、再生产的前提条件。

此外，为经济运行所流转的一切能源都来源于庞大的自然资源资产仓库，除正常意义下的土地、矿产、水、森林、海洋、草地等资源性资产，太阳能、铀矿、核能等新能源同属于自然资源资产系统。Gavin Wright 和 Jesse Czelusta（2002）通过对经济增长的研究，发现美国在19世纪中期至20世纪中期制造业之所以成为世界领头羊，乃至国家经济快速发展，主要归因于其丰富的矿产资源。可以看出，经济发展的稳步前进离不开资源性资产的投入，资源性资产是地区经济发展的重要

---

① 马克思，恩格斯. 马克思恩格斯选集：第四卷［M］. 中共中央马克思恩格斯列宁斯大林著作编译局，译. 北京：人民出版社，1972.

前提。

　　另一方面，国家自然资源资产对资本积累具有显著影响。众所周知，要完成从传统农业生产过渡到工业化生产阶段，一个必备的前提条件是达到一定程度的资本积累。只有完成资本积累，工业化进程才可顺利展开。尽管历史的长河显示资本积累存在多种潜在的可能性，但最直接快速的途径依然是自然资源资产。农用土地、商用建筑业、矿产采掘业以及渔业等产业与自然界直接相联，是资本积累的第一选择。以俄罗斯为例，就自然资源而言，俄罗斯是资源禀赋最好的国家之一，是世界上最大的天然气产地、第三大原油产地，是富含许多重要的矿产资源，如煤、黄金、钻石以及含铁金属的国家之一。Aslund（1999）认为资源收益满足了俄罗斯政府的税收需求，缓解了其税制改革的压力，如果能以一种透明的方式来分配这些资源收益，就能使其发挥最高的利用价值。在国内，依靠土地出让、矿产品市场开发等方法，中央政府与地方政府按照比例各自获得数目可观的财政收入，以保证对公共产品的持续投入及经济的扶持发展。

5.1.2　政府在资源收益分配中的层级划分及效用

　　十一届三中全会以后，财政分权与资源有偿使用等一系列经济制度改革打破了计划经济时期中央政府统一管理自然资源资产的关系格局，面对巨额的资源收益，地方政府对国家自然资源资产的管理积极性也日渐高涨。现阶段，我国自然资源资产管理体制属于"统一所有，分级管理"（如图5-1所示）。在该体制框架内，全国人民虽是所有国家资源的原始所有者，却仅是一个抽象的范畴。选择中央政府（国务院）作为其行使终极所有权的代理者，符合时代发展的逻辑思路，也与我国基本政治制度相关联。"分级管理"意味着中央政府与地方政府之间建立了一种利益结构，中央政府（国务院）保留自然资源资产所有者代表的权利，即最高层级的财产权代表，拥有最终所有权、占有使用权、收益权和处置权。同时，给予地方政府以出资人代表的权利，进一步调动地方政府监督管理自然资源资产的积极性和完善资产所有者、占有使用者和监督管理者之间的契约关系。

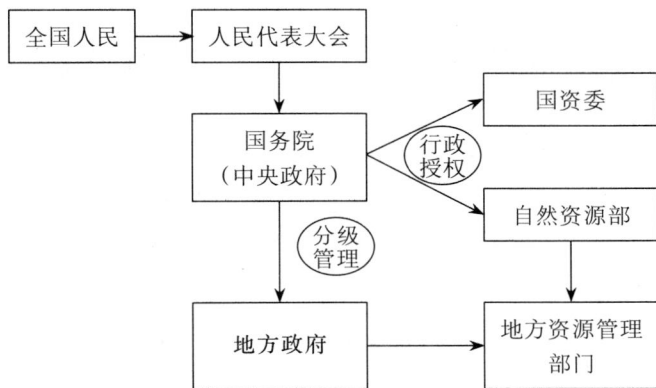

图 5-1　自然资源资产分级管理层次

　　我国中央与地方国家自然资源资产委托代理关系主要表现为行政委托形式。其最典型的特征在于，它以纵向型、行政化等级层层划分的占有使用权委托代理关系替代横向型、以市场化交易为媒介的资本委托代理关系。作为委托人的中央政府，对代理人的选择并不是通过市场竞争机制产生的，仅仅是依靠行政命令。因而，地方政府在管理自然资源资产过程中，虽然拥有中央政府所赋予的管理权能，也能享有由这种管理权能派生而来的收益权，但仍然只是"代理者"的身份，并非如中央政府一样的真正所有者。

　　从自然资源资产的委托代理框架来看，中央政府拥有最高收益权，是全民公共利益的集中体现，其行为以追求利益最大化为目标。中央政府与地方政府在管理自然资源资产的关系中应相辅相成，而现实情况中，地方政府虽然缺少法律所赋予的所有权以及剩余索取权，但拥有事实上的管理权利，逐步转变为具有"政府主义"与"经济主义"双重属性的管理机构（如图 5-2 所示）。"政府主义"下的地方政府，其职能是保障资源性资产的有序使用、管理，并积极维护资源市场交易的公平与效率，利益诉求与中央政府有一定的一致性。但"经济主义"下的地方政府，行为模式有显著的独立性，会首先考虑地区经济的发展，倾向于利用所拥有的管理权利最大限度地谋取地方利益。因此，我国自然资源资产所有权理论上归国家或集体所有，实际上除少数极端重要的战略性资源外，其他的自然资源都归地方政府或部门所有或控制。地方政府的管理行为并未完全履行中央政府的指示精神，存在受短期利益驱动导致的机会主义倾向，这种格局势必会形成中央政府和地方政府的利益博弈关系。

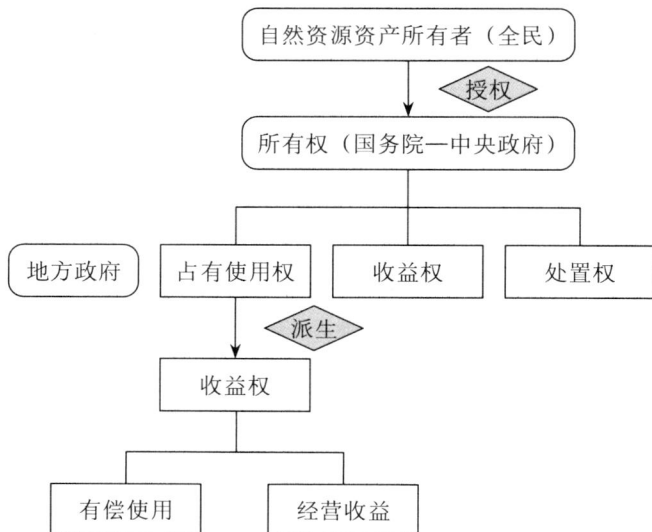

图 5-2　自然资源资产管理体制收益框架

5.1.3　政府间收益分配的权能探索与关系重构

第一，有利于自然资源资产所有权和占有使用权的实现。收益权是财产权的一项重要权能，资源性资产收益是自然资源资产所有权和占有使用权借以实现的经济形式。所有者拥有资产所有权和占有使用权的根本目的，就在于获取产权收益。自然资源资产收益权是国家凭借所有权和占有使用权参与社会产品分配的权利，是国家作为所有者享有的基本核心权利之一。实现自然资源资产的代际相传，深化自然资源资产的有偿使用制度，是健全资源性资产管理体制的重要步骤；保障国家与终极所有权对应的收益权，确立中央政府在收益分配中的主体地位，是确保国有资产所有者和占有使用者权益的根本要求。

第二，有利于权利、责任和义务三者环环相扣、彼此依赖。权利、责任和义务三者相互作用、相互制约是自然资源资产管理体制能够有效运行的内在规定性，也是改革中央政府与地方政府资源性资产收益分配格局的重要原则。长期以来，地方政府虽然对自然资源资产拥有实际的占有使用管理权，也享有部分收益权，但由于缺乏法律依据，地方政府面对不确定的收入体系，没有动力提高资源性资产的运营效率，普遍存在短期行为，因此，对自然资源资产的使用漠不关心，甚至造成管理主体缺位，资源性资产及其收益大量流失。由中央政府与地方政府分别代表国家履行出资人职责，赋予其完备的财产权利，规范恰当的收益分配界限，将有助于从根本上解决这一问题。作为国家资源资产出资人代表的各级地方政府，既享有出资人的资产收益和管理者权利，也要承担代表全民、代表中央政府履行其应尽的职责和义务，这样才能充分调动地方政府监督管理资源性资产的积极性和主动性。

第三，有利于遵循财产权收益分配规律。财产权收益分配规律是市场经济正常运行的基本规定性之一。它要求财产的所有权、占有使用权和监督管理经营权与收益权相对应，并受到相关法律法规的保护。对于自然资源资产来说，各级地方政府拥有资源资产的部分财产权利，以所有者和占有使用者的身份参与资源资产的收益分配，获得收益的形式和获取收益额的多少，都取决于与所有权和占有使用权的相互匹配。在中央与地方政府的收益分配格局中，应当切实加强各级地方政府享有相应的收益分配权能，平衡两者之间的利益关系，改变自然资源资产收益主体缺位和虚位的局面。

5.2 自然资源资产收益的逻辑起点与具体阐释

近 40 年来，政府正逐步建立与完善国家自然资源资产有偿使用制度，有效推进了保障国家所有者权益、改善自然资源资产合理开发利用的进程。然而，由于国家自然资源资产管理体制现存的一些突出问题，譬如所有权虚置、市场未能完全发挥资源配置作用、部门监管力度匮乏、资源性资产有偿使用不到位等，国务院发布了《关于全民所有自然资源资产有偿使用制度改革的指导意见》（下文简称《意见》），《意见》将切实维护自然资源资产所有者与使用者利益设为主要目标，以实现资源性资产开发过程中经济、生态、社会效益有机融合。因此，充分分析自然资源资产的收益依据，合理界定资源性资产的收益性质是进一步完善自然资源资产有偿使用制度的现实要求，也是重塑中央政府与地方政府收益分配格局的前提条件。

5.2.1 自然资源资产收益一般性原理

我们认为，在我国社会主义市场经济条件下，资本、土地和劳动力财产的所有者分别依据资本、土地和劳动力财产权，要求得到其投入物质资料生产过程的各种生产要素所应当得到的收益。因此，以利润（包括利息、股息和红利）、国家税收和工资形式获得生产要素投入的收益具有客观必然性。

依据马克思主义社会总产品理论，社会总产品价值由 C、V、M 三个部分构成，其中 C 是在社会生产过程中所消耗的物化劳动，属于不变资本，即补偿已耗费的一部分生产资料价值以确保下一生产周期的顺利进行，称做补偿基金；V 是劳动者凭借活劳动所创造出来的价值，属于可变资本，即必要劳动价值；M 是劳动者以其活劳动为社会所创造的价值，即剩余劳动价值。三者关系如下：

社会总产品价值=补偿基金+必要劳动价值+剩余劳动价值

用公式表示为：

$$G = C + V + M \tag{5-1}$$

根据社会生产过程中所投入的生产资料性质的不同，可将其划分为源于自然界的、固定存在的生产资料和由活劳动所创造的生产资料两大类。其中，源于自然界的、固定存在的生产资料也称为天然生产资料，它是政府凭借国家主权（即土地所有权）而享有的生产资料，其所涵盖范围意指土地资源资产、矿产资源资产、水资源资产、森林资源资产、海洋资源资产等国家自然资源资产，通常将其视为一般生产条件，也是本书所研究讨论的主要对象。"由活劳动所创造的生产资料也称为人工生产资料，它是资本所有者凭借人工生产资料所有权而享有的生产资料，其所涵盖范围意指由资本投资而出现的原材料、道路、桥梁、厂房、大坝、河道之类的资产，通常将其作为直接生产要素投入生产（李松森，2005）。"[1]

---

[1] 李松森. 国有资产监督管理理论与政策选择［M］. 大连：东北财经大学出版社，2005.

依据生产资料的性质不同，社会总产品价值构成中的 C 应包含两个方面：一方面，需要补偿已被消耗的天然生产资料；另一方面，需要补偿已被消耗的人工生产资料。①因此，从生产资料补偿理论来看，国家自然资源资产收益首先应对天然生产资料进行价值补偿，这部分属于政府所得的补偿性收入。在这里，经济发展中对自然资源资产进行价值补偿的缘由及实现要素，是需要我们进行着重关注的问题，主要有如下三个方面：

第一，自然资源资产的价值性是对其价值补偿的首要前提。现阶段，政府对于自然资源资产的管理逐步由资源化管理转为资产化管理，甚至资本化管理。作为能够在一级市场进行交易的资源性商品，在其商品价值实现的同时也在进行着对资源性商品的补偿准备。其一，自然资源资产具备效用性，不仅源于客观存在的自然属性，也附属能够满足人类需求的经济属性。这两种属性对于补偿自然资源资产价值增加了确定性和可能性。其二，自然资源资产既然被视为商品，必然存在成本问题，如果上一周期中已消耗的资源性资产未得到对应的产品作为补偿条件，那么在新的生产周期开始时就没有充足的资金或是物质投入，因此对于商品的成本进行补偿是维持社会再生产的前提条件。

第二，自然资源资产的稀缺性是对其价值补偿的缘由和要素之二。能够被称为"资产"的自然资源并不是无穷无尽的，更不是取之不竭、用之不尽的。我们研究的所有经济问题，其本质都是在探讨如何优化稀缺性资源的配置问题，自然资源资产亦如是。一方面，资源性资产在数量、质量、种类和功能上呈现不断减少的态势；另一方面，相较于人类对自然资源资产日益增长的开发需求，资源性资产在自然界储存的数量则无法满足这类需要。大多数稀缺性自然资源资产遭到无序开发利用的情况，皆为其未能得到合理补偿。无论是绝对的稀缺性还是相对的稀缺性，都是资源性资产形成价值性的内生因素，也是对资源性资产价值补偿的必需条件。

第三，自然资源资产的所有者唯一性是对其价值补偿的缘由和要素之

---

① 李松森. 国有资产收益分配理论探讨［J］. 东北财经大学学报，2003（5）：7-11.

三。明晰的产权是市场经济合理运行的必要前提，也是自然资源资产实现补偿的先决条件，更是中央政府和地方政府进行收益分配的核心所在。就自然资源资产的财产权利划分而言，包含所有权、占有使用权、收益权和处置权。所有权是自然资源资产交易的关键问题，关乎所有者是谁；资源性资产由谁使用、以哪种形式实现经济价值由占有使用权决定；收益权是自然资源资产财产权的核心，无收益的开发利用是毫无意义的；处置权则是决定资源性资产"到哪里去"的权利。依据国家主权论，我国自然资源资产的所有者只能是中央政府，所享有的所有权具有垄断性。当自然资源资产作为一般生产条件参与社会再生产，并为其提供生产对象、生产服务和生产场所时，在此基础上展开的合理补偿皆由政府获取。

一般意义上，补偿属于开展社会再生产的关键环节，只有当作为一般生产条件的天然生产资料得到适当的补偿，并实现帕累托改进时，自然资源资产的再生产才能从过去的生产过程中脱离从而投入新一轮的开发利用。

依据上述基本原理，我们认为自然资源资产的补偿性收入构成主要有以下四点：

一是附着劳动者必要劳动时间的耗费，属于部分劳动力补偿基金，我们将其归为 C_1。当人类在研究自然资源资产的效用、经济价值及持续性使用等方面时，一些资源性资产赋存于地下，需要提前进行了解认识，这种前期付出的大量活劳动耗费是补偿性收入的重要组成部分。

二是所有者权益，即产权收益，我们将其归为 C_2。当自然资源作为可实现经济利益的资产角色时，政府凭借所有者的身份，通过出让自然资源资产的所有权，或者是一定时期内自然资源资产的使用权而获得经济收益。政府出让①的资产对象大致分为两种：一种是自然资源资产的所有权，譬如各类矿产资源资产；另一种是附有一定使用年限的资源资产使用权，譬如一定年限内的探矿权、采矿权、土地使用权等。关于这点，马克思指出："产品成本是补偿价值，商品的成本价格不断买回

---

① 这里需区分"出让"和"转让"。自然资源资产的出让是指政府凭借自身所有者的身份，出售自然资源资产的所有权，或者将一定使用期限的自然资源资产使用权与使用者，并由使用者向政府支付出让金的经济行为。自然资源资产的转让是指自然资源资产使用者将已享有的资源性资产所有权或使用权进行再次转让的经济行为，譬如交换、出售及赠与。

在商品生产上消耗的各种要素。"①这类补偿属于一次性收回生产资料本身的价值，视为基本补偿的一种形式。

三是在自然资源资产开发过程中，为维护景观资源、自然生态体系功能性价值的耗费，即生态价值补偿，我们将其归为C₃。现代经济活动中对自然资源资产的开发是把"双刃剑"，一方面既提高了人类物质经济水平，又改善了生态环境；另一方面也使自然环境受到一定程度的损害。对自然生态系统的价值补偿应使外部成本内生化，通过调节资源性资产产品价格使资源开发的耗费获得相应的补偿。对于资源型企业来说，当其选择个人边际成本曲线 PMC 时，市场均衡点为 E_P，产量为 Q_P。此时，企业只需负担个人成本 OE_PQ_P。社会成本 OQ_PA 由个人成本及生态环境外部成本构成，社会净收益是 OP_EE_P 去除 E_SAE_P 的部分。当企业选择社会边际成本曲线 SMC 时，市场均衡点是 E_S，产量是 Q_S。此时，社会净收益和个人净收益都为 OP_EE_S（如图 5-3 所示）。由此可见，依据社会边际成本曲线生产的社会净收益大于个人边际成本曲线生产的社会净收益，那么将环境外部成本内生化、实现价值补偿是最优选择。完善的生态补偿机制不仅能够有效调动各方保护生态环境的积极性，更能提高资源性资产使用者对于自然资源使用效率的可持续性。这类补偿属于对生态环境损耗成本的补偿，视为基本补偿的一部分。

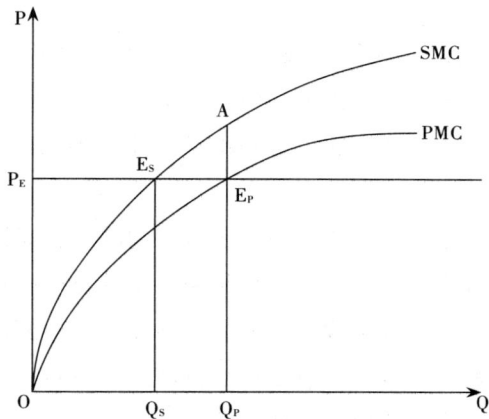

图 5-3 自然资源资产开发利用外部环境成本

① 马克思. 资本论：第三卷 [M]. 中共中央马克思恩格斯列宁斯大林著作编译局，译. 北京：人民出版社，1975.

四是当一般生产条件投入社会生产的自然资源资产发生转移价值时，对其给予补偿，即流转税，我们将其归为 C_4。政府作为国家"最大的地主"，为在这片土地上赖以生存的企业提供了一般生产条件。在市场经济条件下，政府在对天然生产资料的开发过程中，会对其投入资金、技术加以改造，将自然资源性资产转化为供国民享有的一般生产条件和一般生活条件。在市场经济条件下，一般生产条件和一般生活条件除表现为企业生产场所、生产空间和社会成员生存条件、生存空间外，还具体表现为外交平等、主权独立和国家机器正常运转的政治环境，经济稳定、经济结构优化、企业生产和居民生活基础设施完善的经济环境，社会秩序良好、医疗制度、教育制度、国民福利等一系列制度健全的社会环境。异化后的天然生产资料本质上都属于一般意义上的"公共产品"。正因为如此，"国家应以流转税的形式取得对一般生产条件的投入补偿，并以公共支出的形式进一步提供和改善更多的一般生产条件"[①]。这类补偿属于对资源增值差距的调节，可视为增值补偿。

综合上述四点，自然资源资产的补偿性收入为：

$$C = C_1 + C_2 + C_3 + C_4 \tag{5-2}$$

社会总产品价值公式变化为：

$$G = C_1 + C_2 + C_3 + C_4 + V + M \tag{5-3}$$

从某种意义上说，"C"是政府关于自然资源资产的所有成本，集合了全部补偿性收入。在经济关系中，由于自然资源资产产品价值的构成性质不尽相同，因而实现价值补偿的流程也并不相似，可以用图5-4大致表示。

然而，政府在享有自然资源资产所有权的同时，通过出让的方式使企业获得资源性资产使用权，并不只是为了得到补偿性收入，更重要的是得到与所有权相符的经济收益，即积累性收入。根据社会总产品分配理论，自然资源资产的纯收益应是社会总产品价值减去天然生产资料补偿价值和必要劳动产品价值的余额，即：

[①] 李松森. 市场经济体制下国家征税依据的深层次思考 [J]. 财政研究，2008（10）：69-71.

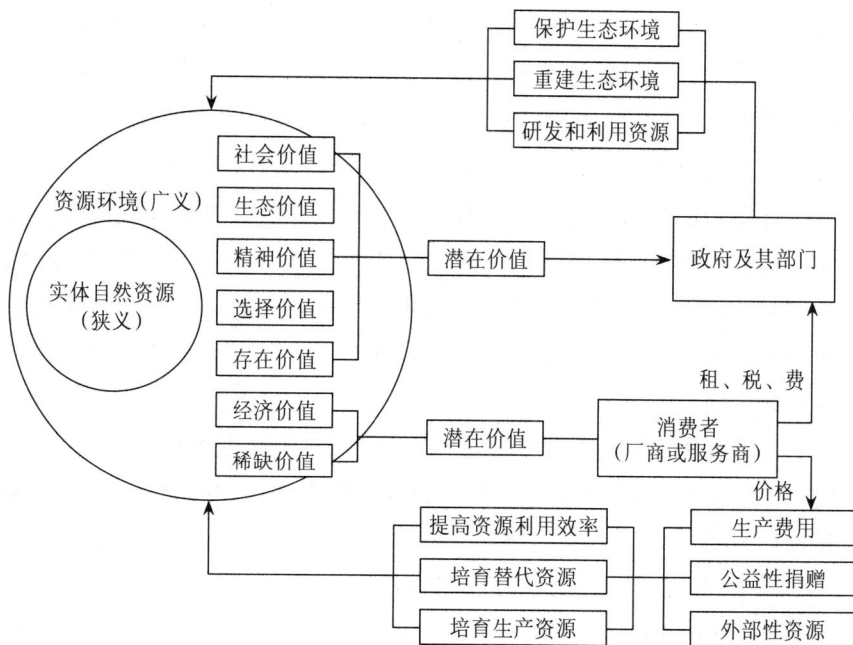

图 5-4　自然资源资产价值补偿流程图①

$$M = G - C_1 - C_2 - C_3 - C_4 - V \tag{5-4}$$

这里 M 的分配，实际包含了三方之间的分配：

一是自然资源资产作为物质实体投入生产所产出的收益，我们将其归为 M_1。国家依附土地而生，土地所有权是政府获得税收和超额利润的基础权利条件。正如马克思所说："瀑布连同它所在的土地，属于土地所有者所有……利用瀑布而产生的超额利润，不是产生于资本，而是产生于资本对一种能够被人垄断并且已经被人垄断的自然力的利用。在这种情况下，超额利润就转化为地租，也就是说，它落入瀑布的所有者手中。"②当国有土地作为间接生产要素被企业投入生产，并实现超额利润时，政府可凭借资源性资产所有者身份，对企业征收所得税，获得经济回报。

二是当政府将自然资源资产作价出资、入股经营，变为资本所有者

---

① 自然资源资产价值补偿实现过程中，商品价值或者价格不同，其对应的补偿手段及过程也不尽相同（安晓明，2004）。

② 马克思. 资本论：第三卷［M］. 中共中央马克思恩格斯列宁斯大林著作编译局，译. 北京：人民出版社，2004.

角色时，获得经济收益的形式即为股息与红利，我们将其归为 M_2。在国家对自然资源资产实行作价出资参股、垄断经营的情况下，"政府应对源于自然力[①]而产生的超额利润获取股息、红利（简称股利）或是上缴利润作为投资收益，以保障所有者权益，促进行业良性竞争"[②]。股利是政府作为股东，凭借股权，参与股份制企业经营收益分配而取得的收入，属于对利润的进一步分配。这里，股息是所有公司股东获得股权收益的形式，优先股股东在普通股股东分配股息之前进行股息分配。红利的分配在普通股股息分配之后进行，其数量主要取决于企业分配股息之后的剩余利润的数量。

三是资源型企业经营者以管理经验和经营才能等无形资产所有权，依据管理要素权获得经营收入，我们将其归为 M_3。这类收益对于本书研究暂且不表。

综合上述三点，自然资源资产的积累性收入为：

$$M = M_1 + M_2 + M_3 \tag{5-5}$$

社会总产品价值公式变化为：

$$G = C_1 + C_2 + C_3 + C_4 + V + M_1 + M_2 + M_3 \tag{5-6}$$

通过对自然资源资产收益的分析，可知其主要由补偿性收入和积累性收入构成。可见，任何分配都应是有据可循的（如图 5-5 所示），而非仅仅由行政性规定成为资源性资产的收益与分配依据。廓清现有自然资源资产的各项税费征收依据和性质，有助于择优调整政府间的收益分配格局。

5.2.2 收益构成、功能定位与管理方式

自然资源资产的收益主体主要分为四类：一是中央政府，享有所有权，也是全体人民利益的代理人；二是地方政府，通常是资源性资产的实际占有者，受中央政府委托代为管理和处置资源性资产，履行经济发展与社会管理职能；三是资源型企业，拥有自然资源资产的实际使用

---

① 自然力主要指三种：一是指社会自然力，因巨额资本集中凝结为超强垄断力与竞争力，由此获得由垄断地位所带来的超额利润；二是指以高价出售低成本的自然资源产品；三是自然界客观存在的、可提高劳动生产率的自然力。
② 李松森. 市场经济体制下国家征税依据的深层次思考 [J]. 财政研究，2008（10）：69-71.

产权主体	财产权利	收益形式	数量界限	
资本所有者	生产资料所有权	利息、股息	平均利息 平均股息	平均利润
资本占有使用者	生产资料占用使用权	净利润（红利）	平均净利润（平均红利）	
劳动力所有者	劳动力所有权	工资	平均工资	
私有土地所有者	私有土地所有权	地租	超额利润	
国有土地所有者	国有土地所有权	税收	超额利润 超额工资	

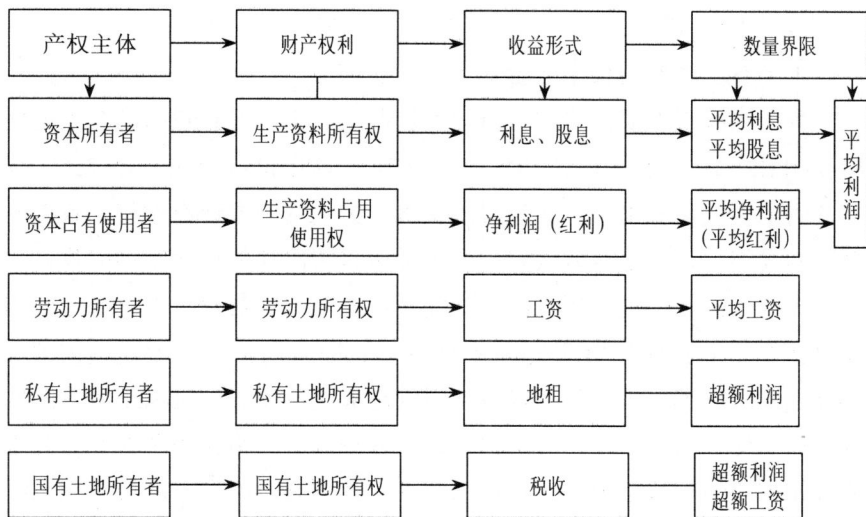

图 5-5 现代产权关系表①

权，主要有烟草、电力、石油石化、煤炭、电信等行业②，以利润最大化为终极目标；四是全体人民（包括资源所在地居民），是自然资源资产的终极所有者，也是自然资源资产开发利用的直接利益相关人。要调整资源性资产收益分配格局，需要合理统筹这四者之间的利益关系，达到效率与公平的双赢，本章将重点介绍中央政府与地方政府之间的收益分配关系。

我们将分别分析六类自然资源资产的收益形式及收益标准，其中税费部分大致包含两点：一般性分析与特殊性分析。前者是指作为自然资源资产实际使用者的经济主体需缴纳的各项税费，譬如关税、增值税等流转税、企业所得税、城市维护建设税及教育费附加等③。后者是指以调节特殊资源行业收入为目的的税费，譬如资源税、探矿权占用费、采矿权占用费等。本部分以介绍分析后者为主。

---

① 只有当产权主体凭借其特定的财产权利，获得对应的收益形式，并受限于特定的数量限界时，分配关系才可称为"和谐"（李松森，2008）。
② 2007年《中央企业国有资本收益收取管理暂行办法》规定中央企业分为三类，其中资源型中央企业有18家，上缴利润为10%。2014年《关于进一步提高中央企业国有资本收益收取比例的通知》将国有独资企业上缴利润比例提高到：一类企业25%；二类企业20%；三类企业15%。
③ 这里一般性税费中所包含的税费缴纳标准与其他行业并无差别，因此下文介绍中各类自然资源资产已默认包含而暂且不表。

（1）土地资源资产

①国有土地使用权出让金

我国国有土地使用权实行有偿使用制度，主要方式包括国有土地使用权出让、国有土地租赁和国有土地使用权作价出资或者入股[①]。其中，由土地使用权出让方式获得的收入为土地资源资产有偿使用收入的主要构成部分，它是地方政府作为土地所有者出让使用权获得的收入。

根据《国有土地使用权出让收支管理办法》的规定，国有土地使用权出让金收入具体包括四类（见表 5-1）：一是以招标、拍卖、挂牌和协议方式出让国有土地使用权所取得的总成交价款；二是以划拨方式取得的补偿性收入；三是改变土地用途、容积率等土地使用条件补缴的土地价款；四是国有土地的土地租金收入。依据财政部发布的历年财政决算，2016 年国有土地使用权出让金收入是 35 639.69 亿元，比 1999 年增长了 69 倍，而这部分收入构成主要是以"招拍挂"和协议出让的方式为主。其中，2008—2016 年国有土地使用权出让金收入总额达259 936.41 亿元，占同期全国地方一般公共预算收入的比例接近 52%，成为地方政府财力的重要源泉（如图 5-6 所示）。

表 5-1　　　　　　　　国有土地使用权出让金收入构成

收益名称	收益性质	收缴标准
土地出让总价款	土地出让总成交价款去除农业土地开发资金和国有土地收益基金的余额	"招拍挂"实际成交价或协议价
划拨收入	土地所有者划拨土地后获得的土地补偿费、安置补助费、地上附着物和青苗补偿费、拆迁补偿费等补偿性收入	按评估价格补缴
补缴土地价款	改变土地用途、容积率等土地使用条件补缴的土地价款	
土地租金收入	出租国有土地的土地租金收入	出租的实际成交价或协议价

资料来源　依据相关法规整理得出。

---

① 中华人民共和国国务院令第 256 号《中华人民共和国土地管理法实施条例》(2014 年 7 月 29 日修正版)第二十九条。

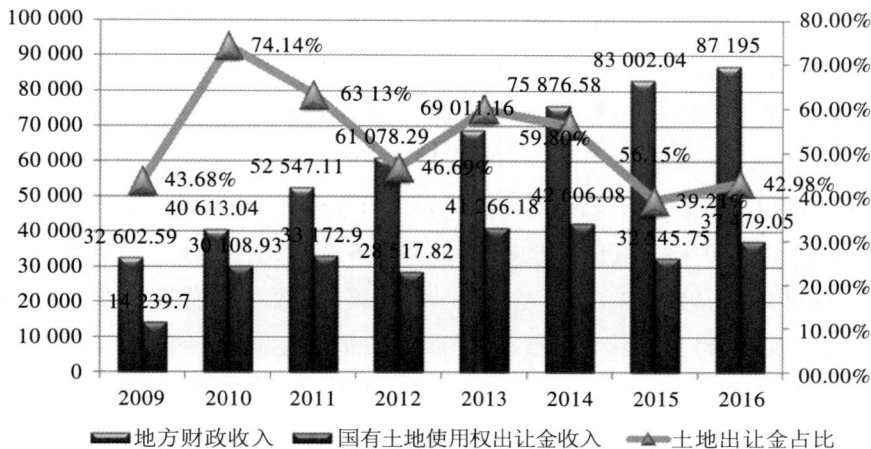

图 5-6 土地使用权出让收入与地方财政收入占比关系

资料来源 依据财政部 2010—2017 年全国财政决算测算得出。

②土地收益金

土地收益金的征收主要是为了加强房地产交易市场的管理，为国有土地有偿使用提供客观条件，具体是指当国有土地使用者将享有收益的土地使用权转让或者出租（含地面建筑物）给第三方时，所成交价款（转让土地交易额或者租金收入）按法定比例向当地财政部门缴纳的金额①。具体的收缴比例按照方式、评估价格的不同有所不同。

③土地增值税

土地增值税以国有土地使用权发生转让时为契机实行收缴，其主要目的在于尽可能调节市场交易下的土地增值收益，保障国家所有者权益。增值额等于转让房地产的成交价格扣除土地使用权支付金额、土地开发成本、新建房及周边设施成本或旧房评估价格、转让房地产所支付税金后的余额，其征收标准按照四级超额累进税率实施②。依据相关法律，土地增值税为地方税性质，纳入地方一般公共预算。

---

① 《国家物价局、建设部关于解决在房地产交易中国有土地收益流失问题的通知》（〔1992〕价费字 192 号）。

② 参考《中华人民共和国土地增值税暂行条例》（2011 修订版）（中华人民共和国国务院令第 138 号）。

④城镇土地使用税

凡是使用城市、县城、工矿区范围内土地的单位与个人，都需缴纳城镇土地使用税，征收该税种的目的是调节土地级差收入，合理利用城镇土地并提高土地经济效益。纳税人以实际占用的土地面积计算应纳税额，计税标准以城市规模划分，大城市 1.5～30 元；中等城市 1.2～24 元；小城市 0.9～18 元；县城、工矿区 0.6～12 元；经济落后地区经上级政府批准，纳税标准可适当下调，但减少数不得超过最低税额的 30%，而经济发达地区经财政部批准后，也可适当上调纳税标准；对于新征收的耕地，应于征收后满 1 年开始纳税；新征收的非耕地于征收次月起纳税[①]。依据相关法律规定，城镇土地使用税全额纳入财政预算，属于地方一般公共预算收入。

⑤耕地占用税

占用耕地（以种植农作物为主体功能的土地）建造房屋或者开展非农业活动的单位或个人应依法一次性缴纳耕地占用税。纳税人以实际占用的耕地面积计算应纳税额，征收标准以面积区间划分，人均耕地面积小于 1 亩的地区，每平方米 10～50 元；人均耕地面积 1～2 亩的地区，每平方米 8～40 元；人均耕地面积 2～3 亩的地区，每平方米 6～30 元；人均耕地面积大于 3 亩的地区，每平方米 5～25 元；经济发达地区的纳税标准可适当上调，但增加额不得超过第三区间的 50%；农民在耕地上从事住宅建设活动，按当地纳税标准减半征收[②]。依据法律规定，耕地占用税由地方税务机关征收，纳入地方一般公共预算。

⑥契税

当国有土地使用权出让、转让、房屋权属发生转变等经济行为发生时，受让方需依法向政府缴纳契税，计税依据为买卖时的实际成交价格、赠与时的市场价格、交换时的价格差，税率为 3%～5%[③]。依据相关法律规定，契税全额纳入财政预算，属于地方一般公共预算

① 参考《中华人民共和国城镇土地使用税暂行条例》（2013 年修订版）（国务院令第 483 号）。
② 参考《中华人民共和国耕地占用税暂行条例》（国务院令第 511 号）。
③ 参考《中华人民共和国契税暂行条例》（国务院令第 224 号）。

收入。

⑦房产税

房屋产权所有者为房产税纳税人，计税依据根据原产值扣除 10%~30% 后的残值计算，税率为 1.2%；房产出租情况下，以租金收入为计税依据，税率为 12%，按年征收、分期上缴①。依据相关法律规定，房产税纳入地方一般公共预算。

⑧土地闲置费

为规范土地市场交易行为，提高闲置土地利用效率，以出让方式获得国有土地使用权却超出合约规定的动工日期满 1 年未开发的建设用地，或者是动工开发面积不足总面积的 1/3，或者是投资额不足 25%，暂停开发满 1 年的建设用地，皆认定为闲置土地②，需缴纳土地使用权出让金 20% 的土地闲置费③。

⑨土地复垦费

从事生产建设的单位和个人如在生产建设过程中对土地发生损毁行为，则应开展复垦。若土地复垦人未完成复垦任务或是复垦结果不达标，应缴纳土地复垦费，专项用于土地复垦，费用数额由原土地性质、损毁面积、程度、复垦用途、标准及所需工程量确定④。

⑩耕地开垦费

耕地开垦费是指在土地利用总体规划确定的城市建设用地范围内或者范围外进行非农业生产建设的单位和个人，依法缴纳专项用于耕地复垦、开发等用途的资源性收费⑤，其收费标准由各地政府依据实际经济条件自行制定。譬如，江苏省政府采用不同地区不同定额为标准，分为苏北、苏中和苏南三类地区⑥；陕西省以"占优补优"为收费标准⑦；

---

① 参考《中华人民共和国房产税暂行条例》（国发〔1986〕90 号）。
② 参考《闲置土地处置办法》（国土资源部令第 53 号）第二条。
③ 参考《中华人民共和国城市房地产管理法》（中华人民共和国主席令第 29 号）第二十六条。
④ 参考《土地复垦条例》（国务院令第 592 号）。
⑤ 参考《中华人民共和国土地管理法实施条例》（国务院令第 256 号）（2014 年修订版）。
⑥ 江苏省财政厅. 江苏自 2016 年起调整耕地开垦费收费标准和征收比例〔EB/OL〕.〔2016-01-19〕. http://www.jscz.gov.cn/pub/jscz/xwzx/jscz/201601/t20160121_86604.html.
⑦ 陕西省国土资源厅. 关于耕地开垦费征收管理有关问题的通知〔EB/OL〕.〔2015-03-17〕. http://gtzyt.shaanxi.gov.cn/info/1222/10345.htm.

浙江省则以"占多少，垦多少"为收费原则①。

⑪新增建设用地土地有偿使用费

它是指获得新增建设用地的地方人民政府向国务院或省级人民政府缴纳的平均土地纯收益，费用的征收标准由全国各城市土地的具体发展状况确定并专项用于耕地开发。依据有关办法规定②，新增建设用地土地有偿使用费纳入政府性基金预算，30% 使用费上缴中央政府，70% 使用费上缴地方政府。

⑫国有土地收益基金

为控制土地财政的短期行为，《国有土地使用权出让收支管理办法》规定，财政部门应从纳入地方国库的土地使用权出让总成交价款中，提取一定比例的资金，建立国有土地收益基金，专项用于土地收购储备。

⑬农业土地开发资金

从土地使用权出让总价款中提取一定比例的资金建立农业土地开发资金，这里的"一定比例"由各省、自治区、直辖市人民政府依据具体经济情况不低于土地出让平均纯收益的 15% 确定，并将不超过 30% 的金额集中使用③。这部分资金将专项用于土地复垦、开发及基本农田建设。

从上述列举的各项与土地使用相关的税费来看（见表 5-2），我国土地资源资产收益形式表现为"税费并行"，地方财政的很大比重是由这些税费收入构成的，而国有土地使用权出让金收入更是其可支配财力的重要来源，且加重了地方政府攫取地区土地短期经济利益的行为，导致"土地财政"现象的产生。虽然地方政府的反应属于在市场经济条件下的一种理性行为，但其行为在尚未建设完善的土地交易市场中会导致非理性的后果。

---

① 浙江省人民政府. 关于耕地开垦费征收管理办法的通知 [EB/OL]. [2000-12-28]. http：//www.zj.gov.cn/art/2013/1/4/art_13012_69663.html.
② 参考财政部、国土资源部颁布的《新增建设用地土地有偿使用费收缴使用管理办法》（财综字 [1999] 117 号）。
③ 参考财政部、国土资源部颁布的《用于农业土地开发的土地出让金使用管理办法》（财建 [2004] 174 号）。

表 5-2　　　　　　　　　　我国土地资源资产收益来源及征收标准

收益形式	功能定位	征收标准	管理方式
土地使用权出让金	扩充政府财政收入	"招拍挂"或者协议方式	纳入地方政府性基金预算
土地收益金	加强房地产市场交易管理	成交价款按房地产交易建筑面积计征	纳入一般公共预算
土地增值税	调节土地增值收益，保障所有者权益	按四级超额累进税率计征	纳入一般公共预算
城镇土地使用税	调节土地级差收入	按占用土地面积计算征收	纳入一般公共预算
耕地占用税	限制非农业建设占用耕地	按实际占用耕地面积缴纳	纳入一般公共预算
契税	规范房地产交易秩序	按税率3%～5%计征	纳入一般公共预算
房产税	筹集财政收入	从价计征或从租计征	纳入一般公共预算
土地闲置费	提高土地利用效率	缴纳土地使用权出让金的20%	纳入一般公共预算
土地复垦费	专项用于土地复垦	由原土地性质、损毁面积、程度、复垦用途、标准及所需工程量确定	纳入一般公共预算
耕地开垦费	耕地复垦、开发	由各地政府相机抉择	纳入一般公共预算
新增建设用地土地有偿使用费	实现耕地总量的动态平衡	按照土地等级、基准地价水平、各地区耕地总量和人均耕地状况、社会经济发展水平等情况确定标准	纳入政府性基金预算
国有土地收益金	用于土地收购储备	按一定比例计提土地出让金收入	纳入政府性基金预算
农业土地开发资金	农业土地开发	按不低于土地出让平均纯收益的15%计提	纳入政府性基金预算
土地使用权作价出资	国有资本经营收益	按比例上缴利润或分红	纳入国有资本经营预算

资料来源　依据相关法规整理得出。

（2）矿产资源资产

①石油特别收益金

石油特别收益金收取的目的是为国内石油价格机制改革奠定基础，具体指以石油开采企业因销售原油而获取的超额收入为计征依据，按 5 级超额累进从价定率征收的收益金。2012 年财政部调整征收方式为"按月计算、按季申报，按月缴纳"[①]。2014 年财政部决定从 2015 年 1 月 1 日起上调石油特别收益金起征点至 65 美元/桶，税率不变[②]。依据相关办法，石油特别收益金纳入中央财政预算，属中央财政非税收入。

②矿产资源权益金

2017 年 4 月国务院出台《矿产资源权益金制度改革方案》（简称《方案》），为实现矿产资源税费制度对保障国家所有者权益、有效调节资源配置、筹集财政收入发挥更重要的作用，《方案》决定将原矿业权价款改为矿业权出让收益，适用于所有进行出让的矿业权，以"招拍挂"或者协议方式出让，收益一次性确定，可分期缴纳，40% 出让收益纳入中央财政预算，60% 纳入地方财政预算；将原矿业权使用费整合为矿业权占用费，征收标准不再以占有矿区面积为标准，改为实行动态调整，纳入一般公共预算管理，中央政府与地方政府以 2：8 的比例共享此项资源性收费；将原矿产资源补偿费率降为零，并入资源税范围，实行从价计征的计税方式；将原矿山环境治理恢复保证金修改为矿山环境治理恢复基金，提取一定比例的销售收入，专项用于保护矿山环境和开展综合治理等活动。

③资源税

资源税已在我国开征 30 余年，历经 4 次改革，其功能定位主要是调节级差收入。现阶段，资源税针对矿产资源资产的计征范围愈加全面，税率的确定更加合理，2016 年 7 月 1 日起新增 21 种矿产品实行从价计征，矿产资源补偿费并入资源税[③]。依据现行财政管理体制，矿产资源税全额纳入地方财政税收。

①　参考《财政部关于调整石油特别收益金征收方式的通知》（财企［2012］42 号）。
②　参考《财政部关于提高石油特别收益金起征点的通知》（财税［2014］115 号）。
③　参考《财政部、税务总局关于全面推进资源税改革的通知》（财税［2016］53 号）。

④排污费

对环境直接造成污染的单位和个人应按规定缴纳排污费，依据不同排污类型确定计税依据，费用专项用于环境污染防治。《中华人民共和国环境保护税法》规定，自2018年1月1日起开征环境保护税，同时停征排污费。

综合来看，我国矿产资源资产收益形式与土地资源资产相似，都实行"税费并行"的税费政策（见表5-3），且中央政府依据经济发展的实际情况对其做出相应调整，使其更好地发挥组织财政、调节资源收益的作用。

表5-3 矿产资源资产收益来源

收益形式	收益环节	计征方式	管理方式
矿业权出让收益	矿业权出让	"招拍挂"或者协议方式	纳入一般公共预算
矿业权占用费	矿业权占有	依据矿产品价格变动情况和经济发展需要实行动态调整	纳入一般公共预算
资源税	矿产开采	从价定率或从量定率	纳入一般公共预算
排污费	矿产品生产	依据排污类型确定	纳入一般公共预算
石油特别收益金	石油销售	5级超额累进从价定率	纳入一般公共预算
矿业权作价出资	国有资本经营收益	按比例上缴利润或分红	纳入国有资本经营预算

资料来源 依据相关法规整理得出。

（3）水资源资产

①水资源税

为推进合理、节约使用水资源，我国资源税最新改革提出，在河北省实施水资源税试点，以地表水、地下水为征税对象①，计征方式采用从量计征。征收水资源税后，河北省水资源费率降为零。

②水资源费

除法定情况之外的取用水资源的组织和个人都应缴纳水资源费，征

---

① 地表水具体指江、湖泊、河流、雪山融水等陆地表面上静态水资源和动态水资源，地下水指储藏在地下的所有水资源。

收标准由各地区经济发展状况决定，所收缴的费用全额纳入公共预算。

③水土保持补偿费

水土保持补偿费是指生产建设单位和个人在生产过程中，如发生被损坏的水土保持设施或是地貌植被不能复原的情况时，所需缴纳的资源性费用。计征方式按照一般性生产建设项目，开采矿产资源，采砂石取土，排放废弃渣、石、土等四类情况分别确定。依据《水土保持补偿费征收使用管理办法》的规定，水土保持补偿费全额纳入政府性基金预算，专项用于防治水土流失与治理。

④污水处理费

污水处理费遵循"谁污染，谁付费"原则，缴费依照污水处理的正常运营成本及一定程度的盈利标准制定。费用收缴后全额纳入政府性基金预算，专款专用于污水处理建设及污泥处理。

⑤地方性收费

一些地方政府会自行制定收费政策，譬如山西省为支持万家寨引黄入晋工程建设，制定了水资源补偿费的征收办法，并专项用于该工程建设；吐鲁番市同样制定了水资源补偿费的征管规定，将其作为水资源管理的专项经费及水利项目建设的前期投入资金。

水资源资产收益来源见表5-4。

表 5-4　　　　　　　　　　**水资源资产收益来源**

收益形式	功能定位	征收标准	管理方式
水资源税	节约水资源	从量计征	纳入一般公共预算
水资源费	节约水资源	由各地区经济发展状况决定	纳入一般公共预算
水土保持补偿费	防治水土流失	按照一般性生产建设项目，开采矿产资源，采砂石取土，排放废弃渣、石、土等四类情况分别确定	纳入政府性基金预算
污水处理费	污水、污泥处理	污水处理的运营成本和盈利标准	纳入政府性基金预算

资料来源　依据相关法规整理得出。

（4）森林资源资产

①森林植被恢复费

凡因各项生产建设工程而占用林地的用地单位都需预缴森林植被恢复费，征收标准按照恢复森林植被过程中的具体费用实施核定[①]，所缴费用纳入政府性基金预算，专项用于森林植被的恢复及造林工作。

②林业保护建设费

此项费用的征收范围仅限于南方集体林区，征收标准为每立方米 5 元，对收购木材的单位实行一次性征收，专款专用于林政管理、幼林抚育过程中的道路建设及林区防火工作。

③地方性收费

关于林业方面的地方政府性收费名目繁多，地区之间存在很大差异。譬如福建省制定了森林资源补偿费，并纳入省级公共预算管理；而2013 年国家已停征绿化费，但个别地方政府依然在违规征收。

森林资源资产收益来源见表 5-5。

表 5-5　　　　　　　　　**森林资源资产收益来源**

收益方式	功能定位	征收标准	管理方式
森林植被恢复费	森林植被恢复与造林	按实际费用征收	纳入政府性基金预算
林业保护建设费	林政管理、林区防火、幼林抚育道路建设	按每立方米 5 元缴纳	纳入政府性基金预算

资料来源　依据相关法规整理得出。

（5）海洋资源资产

①渔业资源费

渔业资源费即渔业资源增殖保护费，是指在我国境内捕捞野生和人工养殖水生动植物的单位和个人缴纳的资源性费用，具体分为两种：一是海洋渔业资源费，缴纳金额在获得许可证 3 年前的年均总产值的 1%～3% 区间内浮动；二是内陆水域渔业资源费，缴纳金额由省

---

①　参考《财政部关于调整森林植被恢复费征收标准引导节约集约利用林地的通知》（财税〔2015〕122 号）。

政府核定。费用专款专用于渔业资源保护与增殖，但对于小微企业实行免征。

②海域使用金

我国海域使用权实行有偿使用制度，除可以通过申请获得之外，还可通过"招拍"的市场方式取得，取得后中标者需依法缴纳海域使用金，依据用海性质的不同一次或者逐年缴纳①。

③海洋废弃物倾倒费、排污费

《中华人民共和国海洋环境保护法》规定向海洋投放污染物的单位和个人应缴纳排污费；排放废弃物的缴纳倾倒费，属于对海洋环境的一种价值补偿，其目的在于维持海洋环境的生态平衡，防治海洋环境污染，其征收标准由废弃物种类与倾倒地区、倾倒方式同时决定。

④海洋工程排污费

海洋工程排污费是指在我国境内水域、海域、经济区、大陆架等开展海上石油勘探作业时向海洋投放废弃物、污染物的作业者需缴纳的行政性费用。征收标准依照污染物种类、污染当量计征。

⑤船舶油污损害赔偿基金

所有在我国所管辖水域、海域内运输持久性油类物质的货物所有人与代理人都是船舶油污损害赔偿基金的缴纳人，每吨持久性油类物质征收船舶油污损害赔偿基金0.3元，收缴的基金全额纳入中央政府性基金预算，专项用于赔偿油污损害及周边费用，有利于我国海洋运输业良性循环发展。

海洋资源资产收益来源见表5-6。

（6）草原资源资产

①草原植被恢复费

因勘查开采矿产资源和工程建设而占用草原的企业和个人，应向草原所管辖地区的主管部门缴纳草原植被恢复费，是草原环境生态补偿的一种重要表现形式，其征收标准由各地直管部门与财政部门共同核定报批。

---

① 对于由中央收取的海域使用金，主要用于海域管理与保护，纳入公共预算管理。

表 5-6　　　　　　　　　　海洋资源资产收益来源

收益形式	功能定位	征收标准	管理方式
渔业资源费	渔业资源保护与增殖	海洋渔业资源费：缴纳金额在获得许可证 3 年前的年均总产值的 1%～3% 区间内浮动；内陆水域渔业资源费：缴纳金额由省政府核定	纳入一般公共预算
海域使用金	保障所有者权益	"招拍"市场方式或申请确定的价格	纳入一般公共预算
海洋废弃物倾倒费、排污费	维持海洋环境的生态平衡	按废弃物种类与倾倒地区、倾倒方式计征	纳入一般公共预算
海洋工程排污费	保护海洋环境	依照污染物种类、污染当量计征	纳入一般公共预算
船舶油污损害赔偿基金	促进海洋业健康发展	每吨持久性油类物质 0.3 元	纳入政府性基金预算

资料来源　依据相关法规整理得出。

②草原补偿费

《中华人民共和国草原法》规定，因生产建设占用国家草原的，应依法缴纳补偿费用，具体执行标准由各地草原主管部门核定。

③地方性收费

由于草原资源在我国的分布范围较广，各自治区、省级人民政府会根据本地区实际因地制宜地制定草原资源性收费和地方性基金。譬如吉林省政府征收草原使用管理费、草原培育费及草原建设基金①；青海省政府制定出草原培育费、草原管理费、草原使用费等征收政策②；新疆维吾尔自治区征收草原药用植物资源补偿费，并将收缴的草原管理费、药材资源管理费和各项补偿费全部纳入育草基金③。

①　参考《吉林省草原使用管理费和草原培育费收取使用管理办法》（吉政发［1987］126 号）。
②　参考《青海省草原承包办法》（青海省人民政府令［1992］第 4 号）。
③　参考新疆维吾尔自治区发改委《关于调整草原补偿费和安置补助费收费标准的通知》（新发改收费［2010］2679 号）。

草原资源资产收益来源见表5-7。

表5-7 草原资源资产收益来源

收益形式	功能定位	征收标准	管理方式
草原植被恢复费	草原生态补偿	征收标准由各地直管部门与财政部门共同核定	纳入政府性基金预算
草原补偿费	补偿性费用	由各地草原主管部门确定	纳入一般公共预算

资料来源 依据相关法规整理得出。

通过表5-4至表5-7可知，我国水资源资产、森林资源资产、海洋资源资产和草原资源资产四类自然资源资产的收益形式基本形成了以"费"为主的收入格局。大量的资源类行政性收费不仅混淆了税收、行政性费用这两类收入性质，以租或税之实冠以费之名，还挤占了原本应由"税"作为资源补偿的利益空间。

5.2.3 自然资源资产收益的问题剖析

我国自然资源资产的收益形式主要有如下五类（见表5-8）：

（1）"租"，即为政府凭借产权主体的身份，因出让、出租自然资源资产而获得的收益。马克思认为，土地所有权本身已经产生地租①。这里的"地租"指的是产权收益，也是绝对地租，本质上属于补偿性质的收入。现有的税费政策中，土地资源资产中的土地使用权出让金、国有土地租赁收入、土地使用权转让收入、土地收益金，矿产资源资产中的矿业权出让收益，海洋资源资产中的海域使用金六种收益形式都是以体现所有者权益为目的并实行一次性补偿，属于"地租"性质。

（2）"税"，顾名思义指"税收"，从公共财政的角度看，税收是政府为满足执行职能的物质需要，对经济活动主体的收入，依据执行职能产生的一般利益，按照法律规定的范围和标准进行的强制征收（马国强，2009）。然而，我们认为置身于自然资源资产收益形式内的"税收"

---

① 马克思. 资本论：第三卷 [M]. 中共中央马克思恩格斯列宁斯大林著作编译局，译. 北京：人民出版社，2004.

则是一般生产条件的价值损耗和因其投入所带来的超额利润而返还国家的收入形式，前者以流转税的形式加以征收，后者以企业所得税的形式表现，它具有一般补偿性①、确定性和强制性等特征。

（3）"费"，主要指政府向特定对象提供特定服务所收取的行政性费用。定义中包含"两个特定"：特定对象、特定服务。公共管理类的行政性费用含有政府作为自然资源资产的所有者和管理者，对自然资源资产的特许经营权收取的使用费或者资源资产的使用费；对使用者在开发利用资源资产过程中污染、损害环境的行为收取的环境治理补偿费。

（4）"利"，是指自然资源资产作价出资或折股参股的企业凭借国有资本的所有权，即出资者所有权而获得的税后利润、股息、红利、股权转让收入和依法取得的其他投资收益，其本质是政府作为所有者享有由自然资源资产形成的资本衍生出的收益剩余所有权。本章仅作简要介绍，详见第 4 章。

（5）"金"，则是指与各类资源相关的基金②，如国有土地收益基金、农业土地开发基金、石油特别收益金及船舶油污损害赔偿基金等。

我国自然资源资产收益形式分类见表 5-8。

综观表 5-8，由于缺乏对收益形式的根源性考虑，我国自然资源资产收益形式存在不规范的问题，具体表现如下：

首先，一次性补偿与追加补偿相混淆，资源增值收入过少。资源增值收入属于补偿性收入的组成部分。例如，土地收益金（或土地增值费）本属于一次性补偿收入，是按照现行体制按 5% 的比例上缴中央的国有土地收入，但冠以土地收益金实难从性质上与土地出让金相区别。土地增值费属于对由于国家提供的外部条件而形成的土地增值部分而进行的征收，以维护国家所有者权益。称为土地增值费，只是对土地一次

---

① 税收是否有偿并不能以是否归还作为衡量标准，具体来说，这里的"税收"体现了政府与经济主体之间的互利关系，而这种互利关系并不是完全意义上的对等，因此此称之为"一般补偿性"。

② 《财政部关于取消、停征和整合部分政府性基金项目等有关问题的通知》（财税[2016]11 号）规定，自 2016 年 2 月 1 日起，将新菜地开发建设基金、育林基金征收标准都降为零。

表5-8　我国自然资源资产收益形式分类①

收益形式 / 自然资源资产	租	税	费	利	金
土地资源资产	土地使用权出让金 国有土地使用权租赁收入 土地使用权转让收入 土地收益金（土地补偿性收入的中央分成部分）	土地增值税 契税 城镇土地使用税 耕地占用税 房产税	土地复垦费 土地闲置费 耕地开垦费 新增建设用地土地有偿使用费 划拨土地收入	国有土地作价出资或者入股所获股息、红利	国有土地收益基金 农业土地开发基金
矿产资源资产	矿业权出让收益	资源税	矿业权占用费 排污费	矿业权入股或作价出资所获股息、红利	石油特别收益金 矿山环境治理恢复基金
水资源资产		水资源税	水资源费 水土保持补偿费 污水处理费		
海洋资源资产	海域使用金		渔业资源费 海洋废弃物倾倒费、排污费 海洋工程排污费		船舶油污损害赔偿基金
林业资源资产			森林植被恢复费 林地保护建设费		
草原资源资产			草原植被恢复费 草原补偿费		

资料来源　依据相关法规整理得出。

① 地方性收费、基金均未列入表中。

性补偿收入在中央和地方之间的划分，不能体现对土地增值部分的征收。再如，土地增值费的内涵是由于企业外部环境的改善，对土地出现的增值部分进行的征收，应当属于对国有土地资源的追加补偿。显然，资源类企业所获得的高额利润有相当部分并非企业自身努力的结果，而是由于财政投入大量资金改善企业生产所需的外部条件，使得国有资源大幅增值。而对资源增值部分所制定的增值税未能完全体现国家投入所应获得的收入。

其次，收益形式名不副实，政府性基金与行政性费用难以区分。自然资源资产的租、税、费、利、金理应从制度、定义上划清界限，并有明确的征收依据和目的。然而现实情况是不完善的顶层设计使得多种收益形式管理混乱，名实不符。譬如，名为"费"实为"金"，以草原植被恢复费为例，其受惠主体并不是某特定组织或个人，而是专款专用于一定范围的群体，带有"基金"的色彩；名为"金"实为"利"，石油特别收益金的计征依据是石油开采企业在经营过程中获得的超额收入，本质是以"利"的形式分配给政府所有者。在各项规费的征缴名目中，有些费用（如渔业资源费、海洋废弃物倾倒费）并未明确规定是否纳入政府性基金预算，仅表明专款专用于某项用途，收益性质难以界定。此外，行政性费用的政策更新不及时①，譬如林业保护建设费，自1994年后再无更新，收费标准、内容显然与当前不符；渔业资源费仍作为预算外资金管理，也已然不合时宜。

再次，产权收益欠缺，环境补偿机制不完善。在我国六大类自然资源资产收益名目中，收益形式与依据"税费并行"的只有土地资源资产和矿产资源资产，而其他四大类资源资产的收益除海域使用金以外，体现资源资产使用权出让收益的几乎没有，以"费"一力承担自然资源资产收益来源。伴随经济形势的变化，资源性资产关于环境、安全等相关收费政策也在推陈出新，尤其是地方性收费，名目繁杂的资源类行政收费项目给资源型企业带来了较重的非税负担。此外，虽然政府已出台《生态环境损害赔偿制度改革试点方案》的顶层设计，希望能强化资源

---

① 现行的行政性收费依据，2001—2010年颁布的约占46.94%，而2000年之前颁布的达到27.89%，2011年至今颁布的仅占25.17%。

开发者可持续发展的意识，但我国设立的环境保护税尚未开征。对于自然资源资产而言，除了具备社会属性和经济属性外，还有更为重要的生态属性。现行的环保类税费，譬如排污费收费标准偏低，征收范围偏窄，环保类税收政策缺乏针对性、有效性和系统性，都无法体现生态补偿的宗旨。反观发达国家，其环境税主要以排污税、对商品和服务的间接课税体现。从 20 世纪 90 年代开始，OECD 成员国已陆续采取各种措施来实现税制绿色化，譬如全面检查和纠正损害环境的扭曲性补贴、注重税收的中性原则、调整税制、开征新的环境税和税式支出等手段达到保护自然环境的目的。

最后，收入性质界定不清，补偿性收入和积累性收入混淆。中央政府对自然资源享有终极所有权，并对其实行资产化管理以期获得相应的资产收益，具体见表5-9。

表 5-9　　　　　　　　　　国家自然资源资产收益性质划分

自然资源资产＼收益性质	补偿性收入	积累性收入
土地资源资产	土地使用权出让金、国有土地租赁收入、划拨土地收入、土地收益金、流转税、城镇土地使用税、耕地占用税、房产税、土地增值税、契税、耕地保护补偿基金、生态环境税、土地闲置费、国有土地收益金	企业所得税、国有土地作价出资或入股获得的股息、红利，上缴利润
矿产资源资产	矿业权出让收益、流转税、资源税、资源增值税、环境保护税、矿业权占用费、矿山环境治理恢复基金	石油特别收益金、企业所得税、矿业权入股或作价出资获得的股息、红利，上缴利润
水资源资产	水资源出让金、水资源税、资源增值税、环境保护税、流转税	企业所得税
海洋资源资产	海域使用金、流转税、资源增值税、船舶油污损害赔偿基金、环境保护税	企业所得税
林业资源资产	林权出让金、流转税、资源增值税、环境保护税	企业所得税
草原资源资产	草原使用金、环境保护税、资源增值税、草原征地补偿金	企业所得税

资料来源　依据相关法规整理引申得出。

当自然资源资产作为社会经济发展所必需的生产资料时，理应得到补偿。将带有产权出让、天然生产资料价值补偿性质的收益纳入补偿性收入范围，将土地一次性补偿的中央分成部分即土地收益金，明确为土地补偿中央分成收入。譬如，土地使用权出让金、矿业权出让收益、海域使用金等都属于补偿性收入。大量的行政性费用挤占了税收空间，应根据各项收入的征缴依据，分类归位，将同等性质或目的的行政性收费合并，有条件的话实行"清费立税"。譬如目的是维护自然资源环境、修复已被损害环境的费用，应并入环境保护税或生态补偿金；参考土地出让金方式，其他资源性资产可建立出让金制度，体现消耗天然生产资料所转移的经济补偿价值。

当自然资源资产作为间接生产要素时，需要实现收益。将以投入天然生产资料而实现的超额利润作为税基的税种，或因自然资源资产作价出资、入股获得的股息及红利收入都纳入积累性收入范围。譬如，马克思提出："不仅人口的增加，以及随之而来的住房需要的增大，而且固定资本的发展（这种固定资本或者合并在土地中，或者扎根在土地中，建立在土地上，如所有工业建筑物、铁路、货栈、工厂建筑物、船坞等等），都必然会提高建筑地段的地租。"①资本属于社会生产的基本要素之一，资本的投入会使新增附着物的价值得到提高，而当资本作用于土地时，其表现为基础设施建设。这部分建设工程基本是由政府负责，被视为民生工程。民生工程的福利效应能够辐射周边地块，从而导致地块经济效益提高，并进一步扩大级差地租水平（如图5-7所示）。对于这部分增值即以土地增值税的形式加以补偿，由此类推到其他自然资源资产，设想开征资源增值税也应是具备一定合理性的，有利于合理调节资源型企业因资源稀缺性而涌现的级差暴利。

依据自然资源资产收益的各项依据，完善税费征缴机制，廓清补偿性收入与积累性收入（如图5-8所示），不仅能够更好地认识各项租、税、费、利、金，也能为调整收益分配格局奠定坚实的基础。

① 马克思. 资本论：第三卷［M］. 中共中央马克思恩格斯列宁斯大林著作编译局，译. ［M］. 北京：人民出版社，2004.

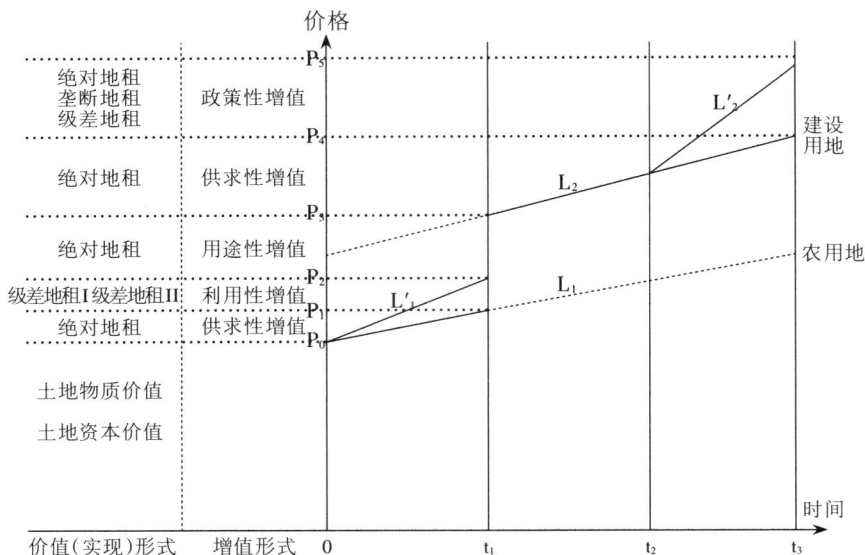

图 5-7　土地增值收益形成机理分析

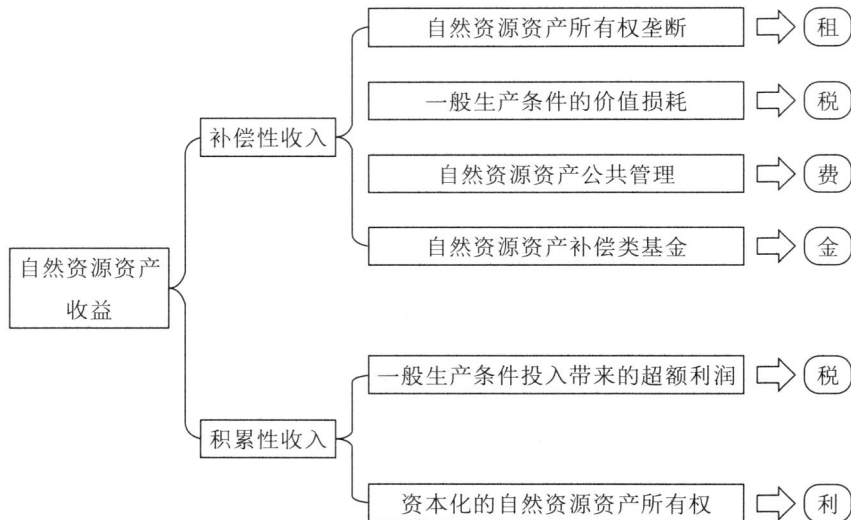

图 5-8　自然资源资产收益方式构成

5.3　收益在分配主体间的划分与协调

在社会主义改造之时，毛泽东（1956）提出："解决中央和地方之间的矛盾需要注意的事项在于，应坚持中央统一领导，增强地方政府独立性，扩大地方政府手中的权力。"①同时调动中央和地方的积极性，比仅有一个积极性更益于我们将社会主义国家建设得愈加强大……如何处理中央和地方之间的关系，是我们面临的严峻问题。现今，十八届三中全会指出："在保持现有中央和地方财力格局稳定的前提下，进一步理顺中央和地方之间的收入划分……建立现代财政制度，发挥中央和地方两个积极性。"两者都提及中央政府和地方政府关系的重要性。而自然资源资产的收益分配研究是政府间财政关系的构成部分，分配是否合理对政府行使职能、经济稳健发展都会产生一定程度的影响。

5.3.1　分配方向与比例：自然资源资产收益的统筹安排

继进一步理顺中央和地方之间收入划分关系提出之后，各级政府（包括中央政府）都希望自己能够在收入分配改革中再分得一杯羹，尤其是地方政府，期待在共享收入中进一步提高分配比例。自然资源资产收益分配制度囊括于财政管理体制中，乍看其收益分配只是中央和地方之间资金收入的分配与使用，其实质是通过资金的分配来实现政府间资源性资产管理调控的一种手段。在一段时间内，中央政府能够合理运用收益分配调节，使得地方政府配合其达成战略目标或者短期政治主张（白景明，2015）。自然资源资产若要实行收益分配关系变革，我们就需要了解现行的分配制度。

目前，我国自然资源资产收益的分配方向通常有三类：一是中央政府独享收益，包括石油特别收益金、船舶油污损害补偿基金以及归中央政府所有的行政性收费，譬如海洋工程排污费。二是地方政府独享收益，包括归地方政府所有的全国性收费、属地方政府所有的政府性基金，譬如国有土地收益基金、农业土地开发资金等以及用于特定用途的地方性收费。三是中央和地方共享收益，包括资源税、矿业权出让收益、矿业权占用费以及共享的国有资源有偿使用收入（见表5-10）。

---

① 毛泽东. 毛泽东文集［M］. 北京：人民出版社，1999.

表 5-10　　　　　　　　**自然资源资产收益分配模式**

收益 \\ 分配		中央独享收益	地方独享收益	中央与地方共享收益（比例）
税收收入	土地增值税		√	
	契税		√	
	城镇土地使用税		√	
	耕地占用税		√	
	房产税		√	
	资源税		√	
	水资源税			1∶9
	环保税		√	
非税收入（一般公共预算）	土地复垦费		√	
	土地闲置费		√	
	耕地开垦费		√	
	矿业权占用费			2∶8
	水资源费			1∶9
	渔业资源费			9∶1
	海洋废弃物倾倒费			4∶6
	海洋工程排污费	√		
	排污费			1∶9
	矿业权出让收益			4∶6
	海域使用金			3∶7
	石油特别收益金	√		
政府性基金	土地使用权出让金		√	
	国有土地收益基金		√	
	农业土地开发资金		√	
	污水处理费		√	
	新增建设用地土地有偿使用费			3∶7
	水土保持补偿费			1∶9
	森林植被恢复费		√	
	船舶油污损害赔偿基金	√		
	草原植被恢复费		√	

资料来源　依据各类资源单项法规整理得出。

从表 5-10 的反馈来看，我国自然资源资产收益的分配方向大多以地方政府独享为主，中央和地方政府共享为辅，中央政府独享收入微乎其微。值得注意的是，《矿产资源权益金制度改革方案》颁布实施后，有效改革了我国矿产资源资产的税费政策，以兼顾不同经济主体的利益为原则，调整了中央与地方共享收益比例，既维护了国家矿产资源资产所有者权益，又在一定程度上遏制了地方政府对矿产资源资产开发的依赖。反观土地资源资产收益的分配模式，大部分都为地方政府独享，侧面说明作为自然资源资产终极所有者的中央政府，其所有者权益并未得到真正的实现，而作为代理人的地方政府却成为既得利益者。

5.3.2　收益的归宿分析——以土地和矿产资源资产为例

在上节中，我们以"收入"来体现自然资源资产收益是如何形成的，那么所获得的收益如何分配使用则以"支出"的形式来表明。自然资源资产收益的使用情况能够很好地反映出一段时间内政府关于资源性资产管理方面的理念和政策目标。由于数据收集的局限性，此处仅以土地资源资产和矿产资源资产为例。

（1）土地资源资产收益使用结构分析

国有土地出让收入是地方政府财力的主要来源，而土地出让支出分为两类：一类是成本性支出[①]；另一类是非成本性支出。只有扣除成本补偿性支出的国有土地出让净收益，才是政府的真正可支配财力。从测算的数据来看（见表 5-11），2009—2015 年国有土地资源资产收益使用结构有如下特征：一是国有土地出让净收益迅速减少，占比从 2009 年的 46.00% 降为 2015 年的 20.20%。二是城市建设支出额呈逐年降低趋势。三是用于保障性安居工程支出有所上升，并具有稳定性。四是农业农村支出呈逐年上升趋势。上述四项特征呈现出政府的土地出让支出向保障性安居工程和农业农村方向倾斜的政策路径。

---

① 成本性支出，是指政府在征地、整理土地环节中先行支付的费用，包括补助失地农民支出、征地拆迁补偿支出、土地出让前期开发支出等。

表 5-11　　　　　2009—2015 年国有土地出让收益使用结构

项目 \ 年份	2009	2010	2011	2012	2013	2014	2015
土地出让净收益（亿元）	6 545.49	12 665.75	9 423.24	6 261.41	7 932.86	8 987.93	6 813.14
土地出让净收益占比土地出让收入（%）	46.00	43.08	28.15	21.68	19.40	20.90	20.20
土地出让非成本性支出（亿元）	4 546	10 244.83	8 933.65	5 796.95	7 179.63	7 258.61	6 883.19
其中：城市建设支出占比	73.50	73.52	62.29	55.27	52.59	55.98	51.31
保障性安居工程支出占比	4.12	4.53	7.41	10.23	10.05	10.47	11.96
农村基础设施建设支出占比	9.53	14.1	11.12	8.42	7.20	5.91	
土地整理与耕地保护支出占比	10.51	6.4	11.95	17.55	19.80	15.80	30.39
农业土地开发支出占比	2.36	1.45	1.58	3.87	5.27	6.65	
农田水利资金支出占比	—	—	5.65	4.66	5.09	5.19	6.34
教育资金支出占比	—	—					

资料来源　依据财政部 2010—2016 年地方政府性基金支出决算表及全国土地出让收支情况测算得出。

从全国范围来看，土地出让收入的支出管理工作仍然有不规范的问题存在。首先，一部分地方政府土地出让金支出违规。2014 年国家审计署调查发现，本应用于城市公共建设的资金被挪为对外出借、偿还企业债务、弥补行政费用、修建堂馆等用途，违规支出 7 807 亿元。其次，土地出让支出界限不明晰。现阶段，我国并没有相关政策文件规定关于土地出让金在城市基础设施建设用途上的金额使用规范，为地方政府在城市建设支出中滋生出寻租的土壤。再次，土地出让收入中，规定的专项计提资金与需求不匹配。譬如，北京、上海等一线城市的中心行政区域已无农田，计提后的农业土地开发资金无规定使用方向，导致资金闲置。最后，土地出让支出中对于被征地农民的补偿偏低。我国农地转用的补偿款大多以农用地的价值衡量，而非正常土地市场价格测算确定，加上农用地只能被地方政府征用，农民不仅未获得正常土地补偿款，还失去了拥有土地增值收益的权利。

（2）矿产资源资产收益使用结构分析

依据兼顾国家矿产资源资产所有权与资源所在地利益的原则，2017年 4 月国家出台了《矿产资源权益金制度改革方案》，对原有矿产资源税费制度实施全方位改革。因此，我们以改革前的收益形式分析矿产资源资产收益的使用结构。

从每项征缴科目来看，矿业权价款、矿产资源补偿费、矿业权使用费皆是专款专用。中央分成部分资金被用作中央地质勘查基金、地质环境保护、公益性地质调查等专项用途；地方分成部分资金大多用于支持国有企业勘查矿产资源、解决老国有矿企历史遗留问题及治理矿山环境等方面。虽然各级政府收益分成有规定用途，但实际操作仍由主管部门控制。石油特别收益金在我国被纳入非税收入科目，其制定动机是石油企业凭借垄断地位获得了超额利润。政府在履行社会职能过程中，扶持弱势群体、发展公益事业势必需要强大的财政支持，其同样希望能够通过收益金的方式为公共事业增强财力（刘尚希等，2015）。但石油特别收益金在管理方式上并未对应指定用途。

由图 5-9 可知，2006—2015 年地质矿产勘查的财政投资额逐年递增，截至 2015 年年底，全国用于矿山地质环境治理的财政投入已达

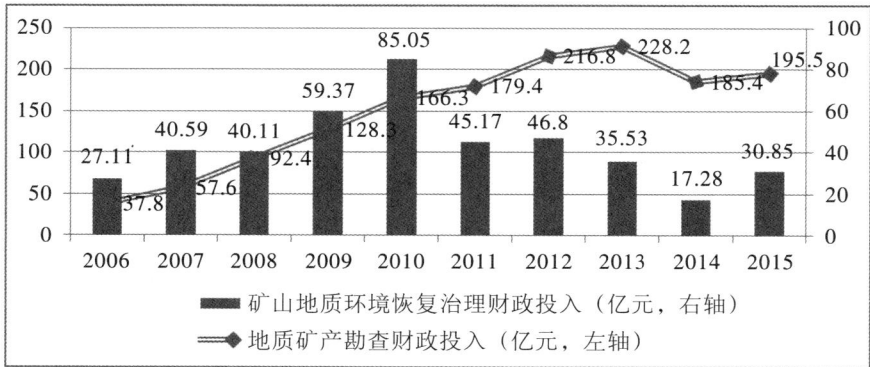

图 5-9 2006—2015 年全国地质矿产勘查财政投入和矿山地质环境
恢复治理财政投入规模

资料来源 根据《2016 中国矿产资源报告》和《2015 国土资源公报》测算整理得到。

932.65 亿元，尽管中央政府以纵向转移支付的方式支持矿产资源所在地政府，但相对于治理矿山生态环境污染所需的资金需求仍无法满足。而开采矿产资源资产对于资源产区的生态环境会造成破坏性的后果，图 5-10 显示，随着资源税收入的显著增长，地方政府并未以相同的增长速度提高矿山环境治理的财政投入，甚至 2010—2014 年还有所降低，环境恢复支出与资源税收入呈反向增长关系。

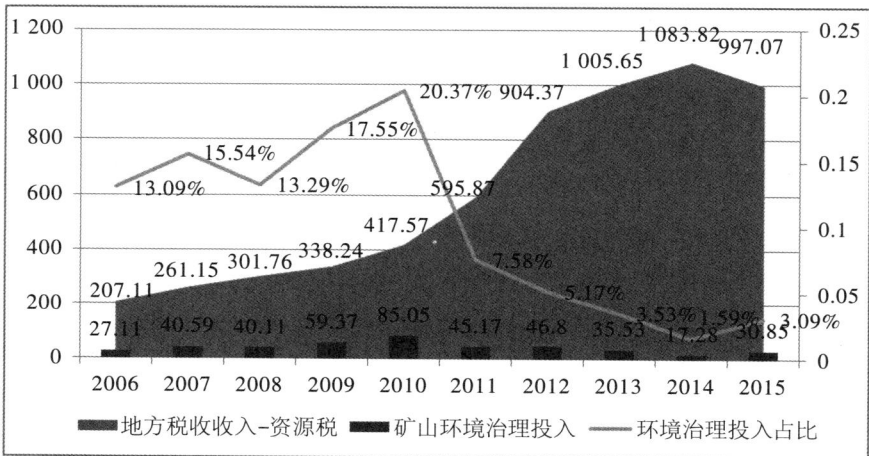

图 5-10 矿山环境治理投入占地方资源税收入比重

资料来源 根据《2015 国土资源公报》和中经网统计数据库测算整理得到。

此外，全民收益共享程度较低。依据《宪法》，我国自然资源属国家所有，因此，原则上资源收益应全民共享。资源资产的开发收益主体除了所有者、使用者和经营者以外，还应涵盖资源属地居民，政府所征缴的资源资产收入须用于对居民的利益补偿或是城市公共设施建设等公共服务的投入。结合收益使用情况，国有资本经营收益大多用于企业的内部分配或竞争性领域的费用支出，2015 年、2016 年中央和地方预算执行情况显示，国有资本经营预算收入调出一般公共预算收入的比例仅为8.9%、18.9%，虽然 2016 年比 2015 年增长了 10%，但用于"惠民生、调结构"的支出规模仍有一定的增长空间。加之上述地方政府对国有土地使用权出让金收入的支出使用缺乏严格的约束，导致一些违规现象频发。诸如此类，皆从源头上降低了自然资源资产收益的全民共享程度。

5.3.3　中央与地方收益分配问题的趋势与选择

由表 5-10 可知，绝大部分土地资源资产收益都归地方政府独享，土地出让收入占地方财政收入比重超出 50%。而地方政府如此依赖土地出让收益源于其事权与支出责任严重失衡（卢洪友等，2015）。1994年实行分税制改革后，有增收潜力、税源稳定且集中的税种都被划拨为中央独享收入及中央和地方共享收入，地方财权被缩紧。与此同时，在推进城镇化进程中不断扩大的事权亟须地方政府投入大量的资金（汪利娜，2014）。加之政府间的事权与支出责任缺乏明确的界限，层层上移的财权与层层下放的事权及支出责任，导致地方政府支出结构不合理，加剧了对"土地财政"的依赖性。

如图 5-11 所示，1978—1984 年，中央政府和地方政府的收入比重与支出比重都呈靠拢趋势。1984—1994 年，中央政府和地方政府的收支趋势大致一致，地方政府以充足的财力负担其职能范围内的支出责任。1994 年至今，地方财政收入迅速减少，与之对应的地方财政支出持续增加，以 2016 年为例，地方政府以 54.65% 的财政收入比重承担高达85.41% 的支出比重。因此，若要改革中央、地方政府间土地资源资产收益分配甚至是自然资源资产收益分配格局，首先应以信息处理复杂性、外部性和激励相容为三大原则廓清双方的事权边界（楼继伟，2013），

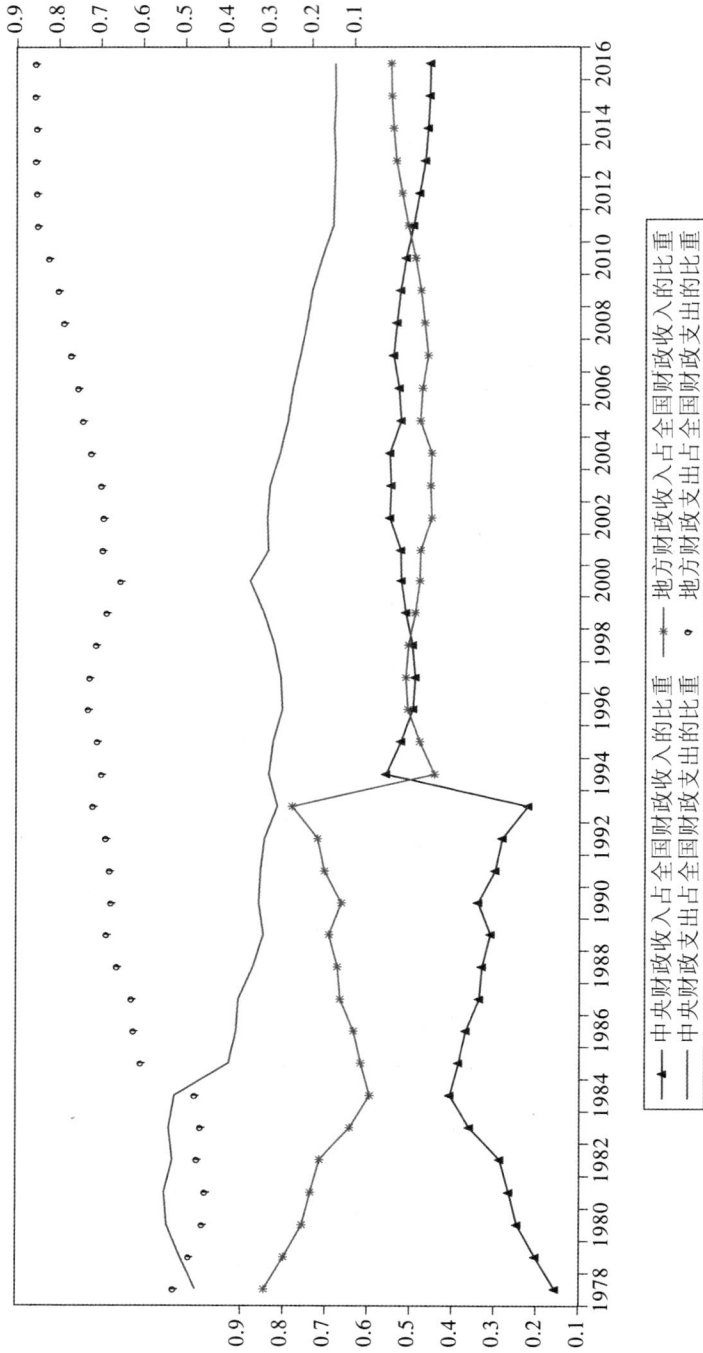

图 5-11 1978—2016 年全国财政收支趋势

资料来源 根据中经网统计数据库测算得出。

实现哑铃形分权结构①转型（吕冰洋，2014），否则地方政府入不敷出的状况只能恶性循环。

另外，虽然政府出台了《矿产资源权益金制度改革方案》，对矿产资源资产在出让、占有、开采、矿山环境恢复治理等环节实施新一轮税费政策改革，但对于现有的石油特别收益金和资源税都未涉及，只是将原矿产资源补偿费并入资源税。从现有分配模式来看，石油产区未能从石油特别收益金中获得相应的经济补偿，我国资源税除海洋石油企业的纳税额归中央所有外，其他都属于地方财政收入。逐年增长的资源税收入为地方政府带来丰厚财力的同时，并未给资源所在地的居民带来属于自己的福利。Ploeg（2012）研究发现，落后资源地区若无强大的社会资本力量支持经济发展，该地区政府所得的矿产资源资产收益应适度降低消费性支出比重。但在我国中西部煤炭资源富饶地区，地方政府正是以大量煤炭税收换来部分居民暂时性的生活水平提升，却无法普惠资源所在地的整体民生福祉。此外，资源税的增长对地方政府往往会形成一种"经济刺激"，加深其对当地资源的依赖性，加大对资源行业的财政投入，而对其他行业"视而不见"。国际上对于矿产资源资产收益的用途并不是像我国一样用于维护社会公平，挪威等发达国家意图消除计划外的资源收入给政府所带来的经济性干扰，以达到矿产资源资产帕累托最优状态（Auty，2001；Barnett&Ossowski，2003）。对于以资本稀缺为特征的发展中国家，应将矿产资源资产收益重点分配于眼前的投资，而非消费方面（Collier，2010；Bremer&Ploeg，2013）。

此外，改革收益分配格局需先洞察国家自然资源资产的收益分配规律。马克思阐释的财产收益分配规律理论认为，产权主体凭借特定的财产权利对应特定的收入形式。在自然资源资产收益分配过程中，应优先补偿已消耗并实现价值转移的一般生产条件的成本，属于收回本金的性质，表现为资源性资产出让金或直接提取补偿费，同时以流转税（增值税、关税等）的形式补偿国家所有的间接生产要素投入成本。再对企业开发利用资源性资产而实现的超额利润（企业所得税）进行分配，而后依据企业性

---

① 哑铃形分权结构是指将事权聚集于中央政府和县级政府，取消市级政府，省级政府担负监督责任，形同哑铃。

质的不同，履行偿债责任后进行利润分配，如图 5-12 所示①。

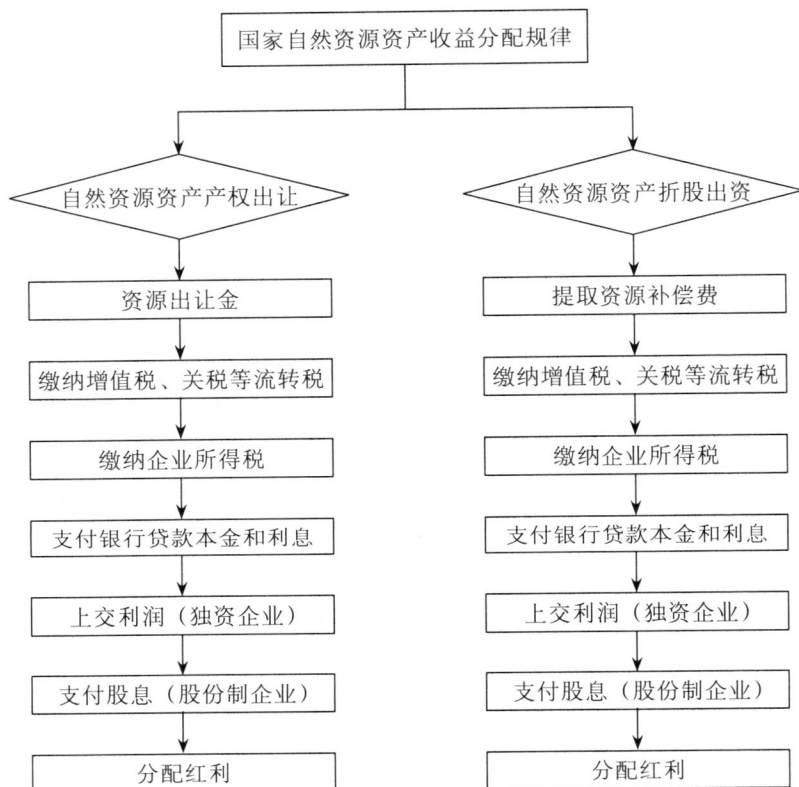

图 5-12　国家自然资源资产收益分配规律

5.4　利益主体间的均衡分配与良性互动

在我国，国家自然资源资产以一般生产条件和间接生产要素的角色参与到社会经济发展，而全国人民作为其原始所有者，所产生的资源收益理应实现全民共享。上文中，我们从国家自然资源资产的收益开始分析，到如何在中央政府和地方政府之间进行利益分配，并以土地资源资产和矿产资源资产为例探究资源收益的使用支出结构，基本能够反映出资源收益在政府与全民之间的收益共享程度。继十八大提出"发展成果

① 李松森，夏慧琳. 自然资源资产收益分配的困境摆脱与改革取向 [J]. 现代经济探讨，2016（11）：30-34.

由人民共享"之后，《关于深化收入分配制度改革若干意见》决定"建立健全资源出让收益全民共享机制"，无论资源收入在中央和地方政府之间如何分配，其最终落脚点始终位于人民之上。在此，我们探讨地方政府和居民之间在利益分配进行时的博弈行为及选择，同时也是与第4章资源型国有资本利益分配遥相呼应。

5.4.1 自然资源资产收益分配博弈模型的情景设定

博弈论（Game Theory），又称为"对策论"，其研究当一个主体（一个人或某个组织）的选择受到其他主体选择的影响，并反过来影响到其他主体选择时的决策问题和均衡问题（张维迎，2014）。博弈各方的决策选择与他人相互影响，最终形成最优战略组合，基本概念包括参与人、行动、战略、信息、支付函数、结果和均衡，其中，参与人、行动、结果称为博弈规则，而博弈的目的是使用博弈规则确定均衡。博弈[①]的类型按照行动顺序和信息分为完全信息静态博弈、完全信息动态博弈、不完全信息静态博弈和不完全信息动态博弈，具体见表5-12。

表5-12　　　　　　**非合作博弈的分类及对应博弈均衡**

信息 ＼ 行动顺序	静态	动态
完全信息	完全信息静态博弈；纳什均衡	完全信息动态博弈；子博弈精炼纳什均衡
不完全信息	不完全信息静态博弈；贝叶斯纳什均衡	不完全信息动态博弈；精炼贝叶斯纳什均衡

地方政府与居民之间的博弈行为，属于不完全信息动态博弈（Dynamic Game of Incomplete Information），因此，我们需构建精炼贝叶斯纳什均衡。博弈开始后，"自然"率先选择参与人类型，并只有参与人自身知道，之后参与人开始行动，依据行动顺序，后行动者通过观察前手的策略进而分析其类型并修正自身的行动。整个博弈不仅是参与人

---

① 这里的博弈是以非合作博弈为前提进行分类的。

选择策略的过程，也是其不断修正信念的过程。

5.4.2　博弈模型的构建与动态演化

在自然资源资产收益分配的前提下，我们设定参与分配的主体只有地方政府和居民，居民以地方政府利益共享比例来判断地方政府的资源收益状况，并对地方政府的行为做出接受或是拒绝的策略。基于已选定模型，假设如下：

（1）参与者地方政府的类型空间集是 f_i（$i = 1,2$）。其中，f_1 表示资源富饶地区的地方政府[①]，能够获得高额的资源收益；f_2 表示资源贫瘠地区的地方政府，只有少量资源收益甚至没有。地方政府对于自己是否已发现潜在矿藏及现有矿藏开发情况了如指掌，但居民并不知情，只知其信念为 $e(f_1)$、$e(f_2)$。依据目前分布特征，除我国港、澳、台三个地区之外，资源富饶地区有 21 个省级地方政府，占比 67.74%，则 f_1 类型地方政府的信念 $e(f_1)=0.7$，f_2 类型地方政府的信念 $e(f_2)=0.3$。

（2）参与者地方政府的行动空间集是 q_j（$j = 1,2$）= {P,Q}。其中，$q_1 = P$ 是指地方政府依据已获得的资源收益，按规定比例与居民实现收益共享；$q_2 = Q$ 是指地方政府共享比例过低，居民未获得相应的福利共享，属于资源贫瘠地区的地方政府。这里设定地方政府资源收益与居民收益共享的标准比例为 k，如果分配比例大于 k，则地方政府选择 P；如果分配比例小于 k，则地方政府选择 Q。当选择策略 P 时，地方政府获得的资源收益 $r(f)$ 由地区类型决定。其中，r_1 表示 f_1 型地方政府的收益；当选择策略 Q 时，地方政府减少的共享收益 $\pi(f)$ 同样由地区类型决定。其中，π_1 指 f_1 型地方政府减少的共享收益，且 $r_1 > r_2$，$\pi_1 > \pi_2$。

（3）各地区居民的行动空间集表示为 s_v（$v = 1,2$）= {C,G}。居民发现地方政府给出信号 q_j，以此判断地方政府类型，做出是否接受利益共享的行动。其中，$s_1 = C$ 表示接受；$s_2 = G$ 表示拒绝。当选择策略 P

[①]　由于资料收集局限，资源是否富饶以我国油气资源资产和煤炭资源资产为标准划分。

时，居民实现的收益共享 $\delta(f)$ 是由地区类型决定的，而 δ_1 表示 f_1 型地区居民获得分配后的收益，且 $\delta_1 > \delta_2$。

（4）地方政府发现居民采取行动 s_v。如果 $s_v = C$，则博弈结束；如果 $s_v = G$，则地方政府适时选择行动策略。地方政府的行动空间集 $h = \{F, H\}$，当 $h = F$ 时，意指地方政府与居民协调冲突，协调成功后居民增收的信念概率是 $\mu_\alpha(f)(\alpha = 1, 2)$，与地区类型相关，增加的收益 $a_\beta(q_j)(\beta = P, Q)$ 与地方政府的行为策略 q_j 相关。μ_1 是地方政府在 f_1 情况下的信念，a_P、a_Q 分别是地方政府在 q_j 两种行动模式下的收益，且 $\mu_1 > \mu_2$，$a_P > a_Q$，$\dfrac{\mu_1}{\mu_2} > \dfrac{a_P}{a_Q}$，$\mu_\alpha a_\beta$ 表示居民接受的最低份额；当 $h = H$ 时，表示协调不成功，导致矛盾成本出现，假设居民的矛盾成本为 $c^\#$，地方政府的矛盾成本为 c^*，同时 $\pi(f) > c^*$，$\pi_1 > \mu_1 a_P$，$\pi_2 > \mu_2 a_Q$。

（5）居民在地方政府选择策略 Q 时，选择相信地方政府是 f_1 型的信念 $e(f_1|Q) = e$，f_2 型则为 $1 - e$；在地方政府选择策略 P 时，相信地方政府是 f_1 型的信念 $e(f_1|P) = \gamma$，f_2 型则为 $1 - \gamma$。

依据上述五点假设，能够得出各类行为策略下各参与者的支付函数，通过海萨尼（Harsanyi）转换①，引入虚拟参与者——"自然"（Nature），构建地方政府和居民之间的不完全信息动态博弈模型，如图 5-13 所示。

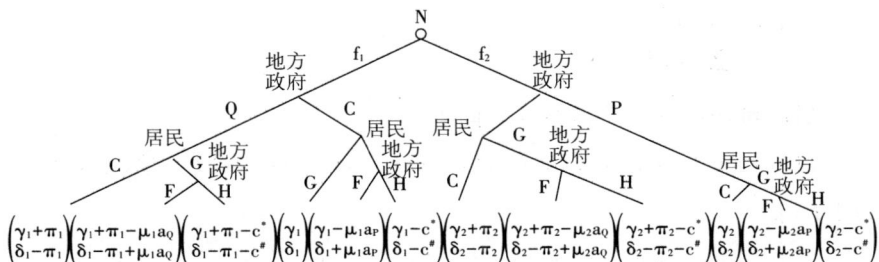

图 5-13 地方政府与居民的不完全信息动态博弈

---

① 海萨尼转换，是指通过引入虚拟参与人——"自然"，率先行动决定参与人类型，使不完全信息博弈转换为完全信息博弈，如此即可使用标准技术进行分析，现已成为处理不完全信息博弈的标准方法。

5.4.3 精炼贝叶斯纳什均衡求解

对于地方政府而言，由于 $\mu_\alpha a_\beta$ 和 c^* 之间关系不能确定，在居民选择策略 G 后，地方政府等同于获得完全信息，能够利用逆向归纳法得出地方政府的行为反应。

精炼贝叶斯纳什均衡要求，给定有关参与人的类型信念，参与人的策略在每一个信息集开始的"后续博弈"上构成贝叶斯纳什均衡，并修正其他参与人的类型信念。这里，精炼贝叶斯纳什均衡是战略组合 $(q^*(f_i), s^*(q_j))$ 和后续信念 $e(f_i|q_j)$ 的组合，依据要求，应满足的条件如下：

（1）对于居民而言，其对地方政府发出的每一个信号 q_j，根据对应类型发出信号 q_j 的信念概率 $e(f_i|q_j)$ 的前提下，选择行动 $s^*(q_j)$，以实现效用最大化，即 $s^*(q_j)$ 满足条件：

$$s^*(q_j) \in \arg\max_{s_v} \sum_i^n U[f_i, q_j, s_v(q_j)] \cdot e(f_i|q_j)$$

（2）对于地方政府而言，对于自身的类型 f_i，在居民行动为 $s^*(q_j)$ 的前提下，选择战略行动 $q^*(f_i)$，以实现效用最大化，即 $q^*(f_i)$ 满足条件：

$$q^*(f_i) \in \arg\max_{q_j} U[f_i, q_j, s^*(q_j)]$$

（3）对于地方政府的每一步行动，如果 f_i 类型集中存在 $q^*(f_i) = q_j$，那么居民对应 q_j 信息集的信念概率由贝叶斯法则决定，即应满足条件：

$$e(f_i|q_j) = \frac{e(q_j|f_i) \cdot e(f_i)}{\sum_i^n e(q_j|f_i) \cdot e(f_i)}$$

最后可得精炼贝叶斯纳什均衡为：

（1）当 $\mu_1 a_Q < c^*$ 时，策略组合 $((Q, Q), (G, G))$ 和信念 $e=0.7$，$t \in [0, 1]$。

（2）当 $\mu_1 a_P < c^* < \mu_1 a_Q$ 时，信念 $e=0.7$，$t \in [0, 1]$。

如果 $\frac{\mu_2 a_Q}{c^\# + \mu_2 a_Q} > 0.7$，则策略组合为 $((Q, Q), (G, G))$；反之，则有 $((Q, Q), (C, G))$。

（3）当 $\mu_2 a_Q < c^* < \mu_1 a_P$ 时：

如果 $\dfrac{\mu_2 a_Q}{c^\# + \mu_2 a_Q} > 0.7$，有策略组合（（Q，Q），（G，C））和信念 e=0.7，

$t > \dfrac{\mu_2 a_P}{c^\# + \mu_2 a_P}$，以及策略组合（（Q，Q），（G，G））和信念 e=0.7，

$t < \dfrac{\mu_2 a_P}{c^\# + \mu_2 a_P}$；

如果 $\dfrac{\mu_2 a_Q}{c^\# + \mu_2 a_Q} < 0.7$，有策略组合（（Q，Q），（C，C））和信念 e=0.7，

$t > \dfrac{\mu_2 a_P}{c^\# + \mu_2 a_P}$，以及策略组合（（Q，Q），（C，G））和信念 e=0.7，

$t < \dfrac{\mu_2 a_P}{c^\# + \mu_2 a_P}$。

（4）当 $\mu_2 a_P < c^* < \mu_2 a_Q$ 时，有策略组合（（Q，Q），（C，C））和信念 e=0.7，$t > \dfrac{\mu_2 a_P}{c^\# + \mu_2 a_P}$，以及策略组合（（Q，Q），（C，G））和信念 e=0.7，

$t < \dfrac{\mu_2 a_P}{c^\# + \mu_2 a_P}$。

（5）当 $c^* < \mu_2 a_P$ 时，有策略组合（（Q，Q），（C，C））和信念 e=0.7，$t \in [0, 1]$。

综上所述，在不完全信息动态博弈中，根据基本假设条件，居民对地方政府利益共享行为会做出自己的理性预期，地方政府也清楚比例的制定对于居民有何种效用，并依据居民的行为策略来修正信念，从而达到混同均衡状态。在这种均衡状态下，无论居民是否接受地方政府做出的分配比例行为，f_1 型和 f_2 型的地方政府都会选择使自己效用最大化的行为策略 Q。

5.4.4 博弈稳定策略分析及延伸

通过对上述模型的分析可知，在不完全信息条件下的精炼贝叶斯纳什均衡显示其处于混同均衡状态，只有策略 Q 在均衡路径内，在这种情况下，无论哪种类型的地方政府都不会选择策略 P。即使上级政府（中央政府）要求地方政府加大利益共享的比重，但由于地方政府受自

身利益驱使，往往会人为地降低与居民收益共享的分配比例，居民便无法从中获取有利价值信息，只能凭借原有的认知判断地方政府的资源收益状况。因此，居民普遍认为地方政府能从富饶的油气资源和煤炭资源中获得巨额收益，但自己并未获得应得的份额。值得注意的是，居民在矿藏的开发过程中处于利益受损地位，不仅无法获得资源富饶所带来的红利，更需在严峻的生态环境中生存，由此地方政府和居民之间的利益冲突都无法缓解。

根据以上分析可见，全民资源收益共享的分配状态并未达到"帕累托最优"，而实现利益共享"帕累托最优"的首要任务是将本应属于居民所得的征地补偿、租地费用发放到位，并以合理的标准对已受损利益进行补偿。在本节假设模型中，如果地方政府以公平为前提与居民实现收益共享，达到符合居民理性预期的均衡路径，需在 $\mu_2 a_Q < c^* < \mu_1 a_P$ 条件下，满足 $\pi_1 < c^*$，$\pi_1 < \mu_2 a_Q$，$\dfrac{\mu_2 a_P}{c^{\#} + \mu_2 a_P} < 0.7$。因此，就地方政府如何实现自然资源资产收益全民共享而言，提出如下展望：

首先，加强监管力度并广开言路。模型中以油气、煤炭资源性资产划分地方政府类型，资源富饶地区应保证对矿业权人的执法独立性，落实对其资源开采过程中的监督及治理矿山环境承诺，切实强化地方政府的行政管理职能。在此过程中，需配合对资源所在地居民的普法政策宣传教育，在提高民众监管力的同时，充分发挥民意表达机制，支持合法性的利益诉求方式，使公众参与到决策中。

其次，完善生态补偿机制，保障居民切身利益。自然资源资产除了具有经济价值、社会价值，还有更重要的生态价值，而矿产资源资产的开发对周边生态环境造成了巨大的威胁。矿产资源的获利者理应对因其采掘、开发而造成的一系列环境污染予以补偿，完善生态补偿机制，确保居民的生存条件得以满足。

最后，探索资源型国有资本民生分配。我国大型油气资源、煤炭资源开发企业都属国有资本经营，其所有权属性决定了获得红利应以民生保障支出的形式反馈于全民。以现实情况来看，可逐步减少国有企业留存利润的"体内循环"，增加调入一般公共预算的资金比例。而本节博弈模型的讨论，承接中央和地方政府自然资源资产收益分配，同时与第4章资源型国有资本如何实现民生导向遥相呼应。

5.5 本章小结

本章以国家自然资源资产收益分配的内生机理为立足点，逐步分析自然资源资产的收益依据、收益形式、分配支出结构及收益分配双向存在问题的缘由，并由此以不完全信息动态均衡博弈模型分析政府如何平衡与居民之间的收益共享，与前文相契合讨论。

首先，自然资源资产具有显著的经济效应，在政府间的收益分配中主要扮演两种角色：一是实现经济发展的重要基石与条件。自然资源资产通常转化为一般生活条件和一般生产条件两类，属人类生存的必要物质资料。通过生产活动，获取物质财富，而生产活动所作用的物质媒介，无一不是自然界所提供的，无论是现有的资源资产，抑或是劳动赋予价值的物品，其本质都是来源于自然。二是国家自然资源资产对资本积累具有显著影响。众所周知，要完成从传统农业生产过渡到工业化生产阶段，一个必备的前提条件是达到一定程度的资本积累。只有完成资本积累，工业化进程才可顺利展开。尽管历史的长河显示资本积累存在多种潜在的可能性，但最直接快速的途径依然是自然资源资产。但在实践中，我国自然资源资产所有权理论上归国家或集体所有，实际上除少数极端重要的战略性资源外，其他的自然资源都归地方政府或部门所有或控制。地方政府的管理行为并未完全履行中央政府的指示精神，存在受短期利益驱动导致的机会主义倾向，这种格局势必会形成中央政府和地方政府的利益博弈关系。因此，重新探索中央和地方政府之间收益分配格局，不仅有利于自然资源资产所有权和占有使用权的实现，也有利于遵循财产权收益分配规律。

其次，充分分析自然资源资产的收益依据，合理界定资源性资产的收益性质是进一步完善自然资源资产有偿使用制度的现实要求，也是重塑中央政府与地方政府收益分配格局的前提条件。一般意义上，补偿属于开展社会再生产的关键环节，只有当作为一般生产条件的天然生产资料得到适当的补偿，并实现帕累托改进，自然资源资产的再生产才能从过去的生产过程中脱离从而投入新一轮的开发利用。然而，政府在享有自然资源资产所有权的同时，通过出让的方式使企业获得资源性资产使用权，并不只是为了得到补偿性收入，更重要的是得到与所有权相符的经济收益，即积累性收入。根据社会总产品分配理论，自然资源资产的纯收益应是社会总产品价值减去天然生产资料补偿价值和必要劳动产品价值的余额，廓清现有自然资源资产的各项税费征收依据和性质，有助于择优调整政府间的收益分配格局。另外，我国自然资源资产的收益主要表现为租、税、费、利、金五种形式，但由于缺乏对收益形式的根源性考虑，我国自然资源资产收益形式存在不规范的问题，譬如一次性补偿与追加补偿相混淆，资源增值收入过少；收益形式名不副实，政府性基金与行政性费用难以区分；产权收益欠缺，环境补偿机制不完善；收入性质界定不清，补偿性收入和积累性收入混淆。

再次，自然资源资产的收益分配研究是政府间财政关系的构成部分，分配是否合理对政府行使职能、经济稳健发展都会产生一定程度的影响。目前，我国自然资源资产收益的分配方向通常有三类：一是中央政府独享收益。二是地方政府独享收益。三是中央和地方共享收益。从实践看，我国自然资源资产收益的分配方向大多以地方政府独享为主，中央和地方政府共享为辅，中央政府独享收入微乎其微。以土地资源资产和矿产资源资产为例分析资源收益分配支出结构，就土地出让金而言存在以下问题：一部分地方政府土地出让金支出违规；土地出让支出界限不明晰；规定的专项计提资金与需求不匹配；土地出让支出中对于被征地农民的补偿偏低。就矿产资源资产而言，政府投入矿山环境治理的财政资金与收益不成比例，全民收益共享程度较低。造成目前分配问题的原因在于：一是政府间的事权与支出责任缺乏明确的界限，层层上移的财权与层层下放的事权及支出责任，导致地方政府支出结构不合理。二是资源税费类改革不全面，逐年增长的资源税收入为地方政府带来丰厚财力的同时，并未给资源所在地的居民带来属于自己的福利。三是洞察国家自然资源资产的收益分配规律必不可少。

最后，探讨地方政府和居民之间在进行利益分配时的博弈行为及选择，同时也和第 4 章资源型国有资本利益分配遥相呼应。建立不完全信息动态博弈模型并求解，找寻精炼贝叶斯纳什均衡，如果地方政府以公平为前提与居民实现收益共享，达到符合居民理性预期的均衡路径，需将本应属于居民所得的征地补偿、租地费用发放到位，并以合理的标准对已受损利益进行补偿，并依据模型提出以下建议与展望：加强监管力度，同时广开言路；完善生态补偿机制，保障居民切身利益；完善生态补偿机制，保障居民切身利益等。

6 健全自然资源资产收益分配制度的构想

在市场经济条件下深化资源性资产管理体制，不仅是改革国有资产的一项重要步骤，也是落实党的十八届三中全会提出的健全国家自然资源资产管理体制的现实举措。围绕上述现行管理体制中面临的困境，本书认为应从如下几个方面着重采取有力措施，深化与经济发展相适应的资源性资产管理体制。

6.1 改革自然资源资产收益分配制度的目标与原则

健全资源资产收益分配制度首先应适时明确改革的目标，遵循何种原则才能在设想的改革路上推进。

6.1.1 明确改革的一般性目标

在推动收益分配制度改革的过程中，我们应以有效保障国家自然资源资产所有者权益为首要目标，正确处理中央政府和地方政府之间的收益分配关系，并在关注存量、增量的同时，兼顾全民收益共享，加快生态文明体制改革。

首先，保障国家所有者权益，尽可能维护国民经济整体安全的状态。处理好政府和资源型企业之间的利益分配关系，有利于双方实现利益最大化，保证资源型企业的利润率控制在所有行业的平均水平，避免资源类行业企业过度开发资源性资产，导致国民经济结构失调、经济发展失衡，同时规避行业贫富悬殊风险，促进社会公平。

其次，中央政府和地方政府之间的收益分配实行分享制。虽然中央政府为自然资源资产所有者，但地方政府对于属地资源性资产的开发有实际控制和管理权，正因为如此，地方政府才更为了解本地资源信息。以分享制为主导的分配格局能够进一步调动地方政府管理自然资源资产的主观能动性，可将土地出让金、矿业权出让收益、资源增值税、矿业权占用费等收益以五五或者四六的分成比例在中央和地方之间合理分配。

最后，新型格局下的收益分配应既关注存量、增量问题，同时兼顾全民收益分配，加快生态文明体制改革。自然资源资产收益中的存量仅仅指补偿价值部分，补偿的最终目的是维持简单再生产，而增量部分应合理界定各类资源性资产的出让收益、收入收益，将这两类收入专款专用，更多地用于保障民生，提升国民幸福感。国家获得资源收益的最终目的是希望人民共享改革红利，这里全民参与收益分配可体现在两个方面：一是资源收益直接纳入社会保险基金，人民收入得到切实提高；二是反哺自然，反哺环境，政府将资源收益用于提供更多优质生态产品以满足人民日益增长的优美生态环境需要，形成节约资源和保护环境的空间格局，还自然、居民以宁静与美丽。

6.1.2　遵循收益分配制度改革的基本原则

改革过程中，我们应遵循以下三点原则：

第一，维护国家所有者权益原则。这里的权益主要指国家以资源所有者身份所享有的补偿价值和因资源投入应获得的收益。在这个原则下，对于土地而言，未被开发利用时以草场、耕地、林地等自然形式出现，一旦被企业开发利用，土地便随着占有使用权的出让而出现了经济价值。这种经济价值的出现同样适用于矿产等其他自然资源资产，针对资源型企业在开发利用自然资源资产过程中所获得的收益，政府应将资源开发企业的利润率保持在合理区间，该区间应控制在行业平均利润率以下，以此作为资源型企业收益的数量界限。数量界限的确定不仅能够使资源型企业获得合理的利润，同时也能避免其与其他普通行业企业的收益差距过大而出现的行业非均衡发展。

第二，逐次补偿原则。我们在前文中所提及的自然资源资产补偿价值应涵盖出让金（初次补偿）、资源税（二次补偿）、资源增值税（三次补偿）和一般增值税（四次补偿），其中资源税之所以被称为二次补偿，是因为政府所制定的矿石品位都是以最低限为标准、以勘探量下限为储量标准，当资源型企业将开发后的矿产品投入市场中时，其实际品位很可能高于勘探时的评估价值，储量也很可能高于勘探值，此时会导致国家所有者权益流失，所以应实行二次补偿，其形式即对应于资源税。而资源总是稀缺的，市场中供求矛盾的出现需要政府加强宏观调控，"两只手"的作用都会使得资源产品实现增值，出现价格居高不下的局面，因此第三次补偿应运而生（资源增值税）。企业的生产需要政府提供外交平等、主权独立和国家机器正常运转的政治环境，经济稳定、经济结构优化、企业生产和居民生活基础设施完善的经济环境，社会秩序良好、医疗制度、教育制度、国民福利等一系列制度健全的社会环境。这些本质上都属于一般意义上的"公共产品"，以一般增值税的形式实现第四次补偿。

第三，合理确定资源性资产投入收益原则。当国有自然资源资产作为直接或间接生产要素投入生产时，政府可凭借资源所有者身份对企业征收企业所得税作为经济回报。针对国有土地而言，当其投入生产时，是占有使用权的投入，国家为企业的生产经营活动提供了生产场所和生产所需的外部条件[①]，这些投入是企业拥有超额利润的基础，国家应以资源所得税的形式取得相应收益。需要注意的是，对于占有国家土地生产的普通型企业所缴的企业所得税应与开发矿山、石油等高价值资源的

① 这里的外部条件指"准公共产品"，即与企业生产直接相关的基础设施建设。

资源型企业的所得税有所区别，后者的超额利润率高出前者很多，因此缴纳的企业所得税税率需适当调整提高。

6.2 收益分配的格局调整与秩序规范

在以保障国家所有者权益为首要目标，遵循逐次补偿、合理界定资源收益原则的前提下，全方位调整资源资产收入分配格局，加强宏观调控地区利益，同时规范资源型国有企业的收益分配秩序。

6.2.1 全方位调整资源资产收入分配格局

改革国家自然资源资产收益分配格局的着力点在于三个方面：规范资源性资产收入形式、完善资源资产类税制和理顺各方之间收益分配关系。

第一，创新自然资源资产收入理论，规范收入形式、把握分配规律。我国自然资源资产收入不规范，根本原因在于收入性质的界定不明，不同性质、不同目的的收入边界不清，导致征缴名目繁多、费挤税等问题的发生。首先，在上文所整理的五类收入形式中，应将带有产权出让、天然生产资料价值补偿性质的收益纳入补偿性收入范围，将土地一次性补偿的中央分成部分即土地收益金，明确为土地补偿中央分成收入；将以投入天然生产资料而实现的超额利润作为税基的税种，或因自然资源资产作价出资、入股获得的股息及红利收入都纳入积累性收入范围。例如，土地使用权出让金、矿业权价款、海域使用金等属于前者，对凭借国家提供的间接生产要素而获得超额利润所征收的课税，以及国家作为资本所有者（资源类国有企业）获得的股息、红利属于后者。其次，根据各项收入的征缴依据，将同等性质或目的的行政性收费合并，有条件的情况下实行"清费立税"，对占有使用国家所有的资源资产而获取的超额利润实施征税，不仅能够维护所有者利益，更能促进资源类行业的税负公平。由于自然资源资产开发利用导致的环境损害，应开征生态环境税或生态补偿金，用于生态环境恢复、全民生存条件的补偿；建立资源追加补偿机制，通过完善资源增值税维护国家所有者权益，同时体现对资源类企业极差暴利的调节。

第二，深化资源税征缴制度。将资源税目标从调节级差收入向可持续发展转变，进一步规范计征方式，拓宽征税范围，在增加从价计征税目的同时，逐步将土地、水、草场、森林及滩涂类资源资产一并纳入征税范围，也可以对特定资源资产设立特定资源税，强化资源资产达到可持续开发、保护生态环境的作用。针对资源型企业，提高企业资源增值税税率与企业所得税税率并举。对占有使用国有土地和其他国有资源性资产的企业，按照资源市场价格定期对国有资源进行评估，据以确定国有资源增值税税率从而进行征收，以维护国家资源所有者权益。单独设计资源型企业所得税税制，调节企业主获得的超额利润，避免持续出现资源行业暴利、贫富差距进一步扩大的问题。此外，通过立法，明确开征生态环境税，逐步替代与环保相关的一些行政性收费，并且积极推进《生态环境损害赔偿制度改革试点方案》的实施，坚持"谁保护、谁受益；谁污染、谁付费"原则，借鉴山东省提高生态补偿资金系数的做法，夯实资源开发生态补偿机制建立的基础，加快推进我国生态文明建设。在优化国家所有权的实现方式方面，需要注意的是，在提高相关税费征收标准的同时，也应逐步清理资源类行业的一些不合理收费，增加资源税增税空间。

第三，理顺各产权主体之间收益分配关系，实现全民收益共享。建立国家"统一所有，分级代表"的新型体制，统一确定中央与地方之间的自然资源资产收益分配比例。探索中央如何参与地方土地出让金分配；推进资源税成为真正意义上的共享税，确定上缴中央的适当比例，也可提取部分地方资源税用以建立"资源补偿基金"，专款用作补偿环境破坏、资源消耗及勘查替代性能源资源的用途；同时考虑将资源税、资源增值税向资源所在地倾斜，既能保障地方政府作为资源资产所有者权益，体现事权与财权的匹配，也可借此激励地方政府强化对矿产资源资产的管理。并且，探索中央与资源型企业之间收益分配关系。调整资源增值收益，实质是资源资产所有者与使用者、经营者之间的利益分割。在已获得的资源收益中，严格区分资源资产所有者、使用者、经营者应得的收益份额，适当提高资源类企业上缴利润比例，比例标准与市场垄断程度成正比，逐步提高至 40%～50%。在保证国家所有权收益的前提下，实现对企业经营者的正向激励，效率与公平同在。此外，要尽可能提高全民收益共享的程度，着重改善居民的生活水平和质量，提升全民生活幸福感、满足感，将资源资产财富向公共产品形态转化，兑现代际间的公平享用。可考虑将资源类资产收益逐步补充社会保险基金预算，以体现全民收益共享原则。

6.2.2　加强宏观调控，兼顾平衡地区利益

我们知道，自然资源资产产权划分清晰是收益分配格局合理的重要条件之一。然而，由于我国地域广袤，区域间的资源分布具有较强的异质性，呈不均衡分布的状态。改革开放几十年来，中央对部分地域投资较多，有些区域的直接投资便相对薄弱；一些资源型国有企业紧跟市场风标、政策利好，充分利用地利、人和的条件，为推动企业所在地的经济社会发展起到了很大的作用；而部分地区虽然资源禀赋较好，但其自身的地理位置、开发条件等历史性因素阻碍了国有资源企业的发展壮大，在吸收就业、促进经济水平方面并未发挥应有的影响力。在现有的自然资源资产收益分配机制下，资源禀赋强、发展好的地区有能力解决自身收益分配问题，通过收益盈余实现民生支出的补充以及资本投资等；而部分区域则面临收支分配不平衡问题，寄希望于中央统筹自然资源资产收益分配权，通过转移支付来帮助其解决现有的包袱。通过第 5 章的分析，我们知道，自然资源资产的收益分配在政府间的科学有效划分存在着较多矛盾，容易衍生出很多问题。因此，自然资源资产收益分配体制优化的着力点应更多地注重兼顾平衡地区间的利益，一方面通过存量的优化来缓解区域间的失衡；另一方面通过增量开发的方式推进部分资源禀赋有优势但先天投资不足地区的发展。

中央政府与地方政府对于自然资源资产收益分配权的划分从理论上可以激发地方政府管理自然资源资产的"主人翁"意识，提高产权主体应有的积极性，但实际执行后易发生很多区域发展不均衡、重复建设等问题。其中一个重要的现象就是各级地方政府将本地的资源型企业视为收益的关键来源之一，因此竞相推动市场价值高、利润丰厚的项目，而

忽视产业结构的平衡与互补问题，浪费了较多的资源，而短板依旧未能弥补。对于这一问题，应由中央统一确定资源型国有企业的投资方向和范围，各地方发展本地优势产业，实现地区间的产业优势互补，中央对于整个国民经济发展需要的投资项目，进行股权投资以带动和引导地方和民间资本投入。在对自然资源资产收益分配的研究过程中，一些学者提出这样一个担心：对于各级政府代表中央政府履行自然资源资产的出资人职能，是否在一定程度上削弱了中央的统筹能力，甚至加剧区域间的发展差距及矛盾。我们知道，政府在市场中的目标即是弥补其固有的缺陷，地方政府代表中央履行职能实质上有助于政府强化市场经济的调控能力。但仍然需要重视健全自然资源资产相关的法律体系和管理机制，采用跨区域和层级的混合所有制企业、强化资源型国有资本在中西部地区的运作等方式来坚定地推动自然资源资产管理体制的改革。

6.2.3 规范资源型国有企业收益分配秩序

要实现合理有序的自然资源资产收益分配格局，必须稳妥地安排中央政府与地方政府之间的关系，在这一过程中需要强化各级国资委及管理部门在自然资源资产方面的收益分配职能，充分履行出资人的职责与义务，通过实际行动扭转现行资源收益主体虚位与缺位的局面。自然资源资产收益分配是证明所有者享有所有权的一项重要衡量指标，必须对它做出更加明确而具体的规定，才能确保所有者的财产权利不受侵犯。在市场经济体制下，按照收益分配规律，国家应通过制定法律规范资源型国有企业收益分配秩序。

一方面，规范资源型国有企业收益的形式。资源型国有资产产权主体依据所有权履行的职能主要是产权管理，包括决定投资方向、投资数量，转让或购买股权，委派股东代表，同其他出资人一样选择出资人代表进入董事会，收益分配管理等，其获得所有权收益的形式是股息；依据自然资源资产占有使用权履行的职能主要是控制管理，包括企业重大决策控制、资产占有使用控制、人事控制等，其获得占有使用权收益的形式是红利；资源型国有企业具体监督管理经营者依据管理要素所有权履行的职能主要是执行管理，包括执行董事会的经营决策方案、组织具体的生产经营活动，其获得管理要素收益的形式是年薪。

另一方面，对资源型国有企业收益分配的数量进行规范。根据马克思主义财产权学说中涉及财产权收益数量界限理论以及平均利润率理论的阐释，"资源型国有资本收益分配的绝对数量界限是企业实现的利润（包括利息），利息按固定利息率计算，股息（包括优先股和普通股）可以按平均股息率计算，余下部分为红利，红利可以按比例在出资人和监督管理经营者之间依据占有使用权和管理要素所有权进行分配。其中，管理要素收益——年薪，可以参照职业经理人的市场价格，对扣除基本工资后的部分折算成正常经营情况下实现红利的占比计算"[①]。普通股股东的分红和经理人的年薪完全与企业实现的红利挂钩。这样可以更好地体现资本所有者、占有使用者、监督管理经营者履行职责与获得收益的关系，既可以维护各个财产权主体的财产权利，又可以最大限度地促进所有者、占有使用者和监督管理经营者更好地履行职责，正确地决策、加强监督管理和经营，避免内部人控制，提高经营管理水平，降低成本，从根本上解决资源型国有企业产权关系模糊和经济效益低下的问题。

6.3　优化自然资源资产财产权制度

任何管理体制的建设都离不开法律体系的建立和完善，完善产权的基本法律制度，关键是资源性资产的产权交易主体、产权交易法则以及产权招标拍卖等制度（郭国荣等，2006；邱京帅，2011）。体制的设计要明确市场与政府各自角色的定位，以职能及权限为切入点在各级政府间进行划分，在兼顾中央与地方政府间利益平衡的同时，能有效地调动起地方政府的积极性。

6.3.1　明晰自然资源现有物权与新型权利的衔接要点

从产权的功能性角度来说，产权结构的明晰是自然资源资产收益分

[①] 李松森. 构建和谐国有企业产权关系的思考［J］. 中共南京市委党校学报，2007（2）：20-25.

配的制度基础。这一制度基础对产权结构提出了两方面的要求：一是自然资源资产的管理和归属的边界清晰；二是设置好自然资源资产现有物权与新型权利的逻辑起点。

我们构建自然资源资产管理制度的基本原则是在生态环境可持续发展条件下实现自然资源资产效率与收益的最大化，以实现收益大于成本的基础性目标，进一步达成国家利益、社会价值与群众切身利益的有机统一。国家作为自然资源资产的所有权人，在委托并授权其他主体对自然资源资产行使开发权、使用权时，需要对不同类型的自然资源实际使用者规定与其相适应的权能及义务。同样，部分学者还提出自然资源资产的权利架构亟须突破传统的自然资源资产的所有权、担保物权以及用益物权，还应涵盖自然资源资产生态价值的生态权益（王彦，2016）。在探索自然资源资产新型权利的过程中，有学者建议将自然资源资产细分为自然资源型产品、可再生型能源、可再生生物型资源、生态型自然资源几类，根据各类型自然资源的特殊属性逐步对其产权实现法定。例如，以矿产为代表的自然资源型产品，其本身具有不可再生性、竞争性以及排他性的特征，我们需要将其对于环境破坏的成本纳入该类资源的价格体系之中，将外部性逐步地通过内部消化，同时考虑代际间的需求与平衡；以风能、太阳能为代表的可再生型能源，由于其不具有竞争性及排他属性，可以尝试对其进行间接确权，充分激发各类主体对此类自然资源开发使用的积极性；可再生生物型资源、生态型自然资源均无法直接通过市场化的形式进行评估，需要通过政府为主体的社会群体对其进行权能的统一配置。

6.3.2　筑构多元化的自然资源产权模式

纵观世界各国自然资源资产类的产权模式，相异的产权架构主要根源于大陆法体系和英美法体系的自身逻辑和历史渊源。大陆法体系具有明确的权能结构，层次分明，但也相对保守，对于新兴的权能类型的纳入需要经过长时间的博弈和磨合；相比较而言，英美法体系更类似一种权能的集合，各类自然资源资产的产权共同归属于该集合，具体的资源权能属性具有一定的开放性，门槛约束不显著。虽然两类法律体系具有各自的优势与特点，但在自然资源资产生态危机以及收益分配格局亟须调整的大背景下，自然资源资产的权能设置是否能汲取两类法律体系的优点，实现革故鼎新的效应，应该在权利与义务间达到一个全新的平衡。随着我国经济社会的不断发展，公民的收入水平逐步提高，逐步从关注自身的发展转变为更多地在意环境与生态等公共物品，进而重视自然资源资产的激励效应。英美法体系中关于自然资源资产保护及资源信托机制的稳定实施，对于我国自然资源资产权能的进一步探索与拓展具有积极的意义。

6.3.3 统一政策与适度分权的有机结合

自然资源资产收益分配在中央与地方政府之间的划分，本质上还是国家自然资源资产收益的集权与分权问题。在市场经济体制下，自然资源资产的国家所有，应限定在法律层面、收益分配政策层面和各级政府的管辖范围层面，而不是将资源性资产收益大部分集中到中央。我国目前对自然资源资产收益分配的改革不能放弃中央政府的集中，只需适度分权即可。

第一，对于我国来说，在政治上保持中央集权，保证中央政府在宏观调控方面的主导地位与权威性是国民经济又好又快发展、社会和谐稳定的基础性条件。因此，中央政府应当保留方针政策和法律法规的制定权，以及基于终极所有者代表的监督权。

第二，从发展阶段上来讲，我国正处于并长期处于社会主义市场经济的初级阶段，中央政府在一定程度上的集权是保障国民经济健康稳定的充要条件之一。中央政府从治理现代化的视阈出发，为市场内的微观经济体搭建科学有效的宏观制度环境与规范化机制，公平有效地推进自主经营，我们研究的自然资源资产收益分配政策就是其中的一个关键要素。因此，无论从客观现实还是主观诉求角度出发，自然资源资产收益分配的法律法规及基本政策均需要由中央政府进行统筹规划。

第三，从国外情况看，虽然各国的国情不同，自然资源资产收益分配权均有一定程度的下放，但中央政府全局性收益分配权限仍然处于主导性地位。我国中央政府对于自然资源资产收益分配政策的适度集中不仅基于我国的国情现状，也是对国际经验的吸收与拓展。

在我国，中央政府和地方政府间关于自然资源资产收益分配的划分，虽然有必要确保中央政府的主导地位，但并不意味着自然资源资产的集中分配越多，收入分配的效果就越好。正确的选择应是，基于中国的根本国情，抛弃传统的高度集中的模式，选择适度分权的方式，主要有三点考虑：（1）自然资源资产收益分配的适度分权有利于推进地方经济空间的集聚效应。我国的自然资源资产种类众多、存量丰沛，但是由于地域广袤，地区之间存在较强的区域异质性，自然资源资产的获益能力以及资源型国有资本的盈利水平参差不齐。此时，将地方政府在自然资源资产方面的所有权、占有权以及收益分配权相匹配，符合收益分配规律的内生性要求。地方政府根据自身情况，"量体裁衣"地选择一揽子改革方案，更有利于各地发展优势产业，促进资源型国有资本收益率的提高，充实地方财力，有力地保障民生发展。（2）由于体制和机制的原因，我国政府间事权与支出责任并不相适应，地方政府的财力与支出责任也不匹配，辖域内公共基础设施、民生支出等均对财权提出一定的要求。自然资源资产的收益分配作为重要的财权之一，适当向地方倾斜有利于地方政府更好地履行职能，调控经济运行，也能完善国家宏观调控体系。（3）科学完善的法律法规对自然资源资产适度分权提出了一定的要求。对于资源型企业显性或者隐性债务、社保资金缺口的弥补等由中央政府和地方政府确定各自比例，同时对股权转让、收益分配等问题形成一致共识。基于这一准则，对于自然资源资产收益分配权的具体内容，譬如资源型企业上缴利润的比例、方式、支出方向等可由地方政府自主决定。这种方式有助于地方政府在自然资源资产政策法规下灵活地根据自身情况对资源收益进行优化调整。但是，需要明确的是，这一自主相机抉择权仅适用于省级政府，并不适宜层层下放，层级过多容易引起监管方面的混乱。

6.4 本章小结

本章针对自然资源资产收益分配制度改革的构想，提出需要遵循的目标与原则，并设计调整政府和资源型企业、中央政府和地方政府之间的收入分配格局，在此基础上，优化自然资源资产的财产权制度，使资产的集中管理与适度分权有机结合。

在推动收益分配制度改革的过程中，我们首先以保障国家所有者权益为首要目标，尽可能维护国民经济整体安全的状态。处理好政府和资源型企业之间的利益分配关系，有利于双方实现利益最大化。中央政府和地方政府之间的收益分配实行分享制，以分享制为主导的分配格局能够进一步调动地方政府管理自然资源资产的主观能动性。同时，新型格局下的收益分配应既关注存量、增量问题，同时兼顾全民收益分配，加强生态文明建设。资源收入专款专用，更多地用于民生保障，提升国民幸福感，反哺自然，反哺环境，政府将资源收益用于提供更多优质生态产品以满足人民日益增长的优美生态环境需要，形成节约资源和保护环境的空间格局，还自然、居民以宁静与美丽。

创新自然资源资产收入理论，规范收入形式，把握分配规律。我国自然资源资产收入不规范，根本原因在于收入性质的界定不明，不同性质、不同目的的收入边界不清，导致征缴名目繁多、费挤税等问题的发生。在前文所整理的五类收入形式中，应将带有产权出让、天然生产资料价值补偿性质的收益纳入补偿性收入范围，将土地一次性补偿的中央分成部分即土地收益金，明确为土地补偿中央分成收入；将以投入天然生产资料而实现的超额利润作为税基的税种，或因自然资源资产作价出资、入股获得的股息及红利收入都纳入积累性收入范围。

将资源税目标从调节级差收入向可持续发展转变，进一步规范计征方式、拓宽征税范围，在增加从价计征税目的同时，逐步将土地、水、草场、森林及滩涂类资源资产一并纳入征税范围，也可以对特定资源资产设立特定资源税，强化资源资产达到可持续开发、保护生态环境的作用。针对资源型企业，提高企业资源增值税税率与企业所得税税率并举。对占有使用国有土地和其他国有资源性资产的企业，按照资源市场价格定期对国有资源进行评估，据以确定国有资源增值税税率从而进行征收，以维护国家资源所有者权益。单独设计资源型企业所得税税制，调节企业主获得的超额利润，避免持续出现资源行业暴利、贫富差距进一步扩大的问题。理顺各产权主体之间收益分配关系，实现全民收益共享。统一确定中央与地方之间的自然资源资产收益分配比例，探索中央如何参与地方土地出让金分配；推进资源税成为真正意义上的共享税，确定上缴中央的适当比例，也可提取部分地方资源税用以建立"资源补偿基金"，专款用作补偿环境破坏、资源消耗及勘查替代性能源的用途；同时考虑将矿产资源补偿费向资源所在地倾斜，既能保障地方政府作为资源资产所有者权益，体现事权与财权的匹配，也可借此激励地方政府强化对矿产资源资产的管理。

中央政府与地方政府对于自然资源资产收益分配权的划分从理论上可以激发地方政府管理自然资源资产的"主人翁"意识，提高产权主体应有的积极性，但实际执行后易发生很多区域发展不均衡、重复建设等问题。其中一个重要现象就是各级地方政府将本地的资源型企业视为收益的关键来源之一，因此竞相推动市场价值高、利润丰厚的项目，而忽视产业结构的平衡与互补问题，浪费了较多的资源，而短板依旧未能弥补。对于这一问题，应由中央统一确定资源型国有企业的投资方向和范围，各地方发展本地优势产业，实现地区间的产业优势互补，中央对于整个国民经济发展需要的投资项目，进行股权投资以带动和引导地方和民间资本投入。

7 构建产权清晰的"统一所有，分级代表"的资源性资产管理新体制

由于我国资源性资产的产权界定不清，出现了多头管理和所有者虚位的管理局面。一方面，多头管理模式使得国家所有权能被分解，部门之间缺乏有效沟通并相互夺取自以为属于本部门的所有者既得利益，导致资产管理效率低下；另一方面，所有者虚位的状态模糊了中央、地方之间委托代理关系，没有法律明确承担风险、承担责任和分享收益的主体，直接影响资源性资产的规范管理，在造成中央、地方之间权利失衡的同时，地方政府缺乏监督管理的积极性并产生短期功利主义行为，导致国有资产的大量流失。同时，新型体制的构建也是实现自然资源资产收益合理分配的体制保障。

7.1 自然资源资产管理体制改革的基本着力点

收益分配制度是资源性资产管理体制的重要组成部分，依托合理、完善的组织架构，资源收益才能在体制内得到优化配置，为资源经济的

发展注入活力。在构建新型管理体制的设想中，所有者归位是首要任务，其次应设置专门监督管理自然资源资产的产权机构，专门负责统一协调资源性资产产权管理，代表国家履行出资人职责，实行资产化管理。

7.1.1　推进自然资源资产的最终所有者归位

建立真正意义的国家"统一所有，分级代表"的国家自然资源资产管理体制，实现终极所有者归位。首先，在法律上赋予地方政府享有自然资源资产的所有权。关系战略性、全局性的维系国民经济命脉和国家安全的重要资源资产由中央政府独享；其他普通资源资产交由地方政府履行出资人职责。这种新型所有权层次的委托代理权关系改善了现有的占有使用权代理模式，而地方政府确立拥有具体的资源资产所有者身份后，既有助于充分调动地方政府合理开发、保护资源资产的积极性，又有利于避免"公地悲剧"的发生；中央政府也能通过相应的财税制度享受终极所有权带来的经济利益。其次，在重构代理模式的同时需要合理界定中央与地方产权行使边界。划分这一边界的基本原则应是明确、恰当。若边界太窄，则不能激发地方政府的积极性，更不利于资源资产利用效率的提高；若边界含糊，则多头管理的不良现象将重演。从美国等联邦制发达国家的实践经验来看，地方被赋予独立裁决事务、维系经济社会发展权利的同时，也被规定相应的义务，权利与义务相生相长，两者互为因果、相互促进，形成良好的委托代理权管理。因此，明晰产权，进一步改革委托代理权关系是深化管理体制的基础，也是重要途径。

7.1.2　设置自然资源资产产权监督管理机构

现阶段，构建人格化代表，可以考虑设置独立于国资委之外的自然资源资产产权监督管理委员会（简称"产权监督委员会"），专门负责统一协调资源性资产产权管理，代表国家履行出资人职责，实行资产化管理。以明确自然资源资产产权关系责、权、利对称合理为目标，将资产管理的重心从行政管理转移到产权管理，严格划清资源性资产所有权、使用权和具体监督管理经营权之间的关系，实现管理模式向协调型、综合型转变，避免政府的行政管理职能与资源资产的资产管理职能发生冲突，在提高资产管理效率的同时，实现国民经济的可持续发展。

具体来说，产权监督委员会的基础管理工作应以自然资源资产的产权管理工作为核心，将分布于自然资源部、生态环境部、农业农村部、林业和草原局、水利部、国资委等部委关于自然资源资产产权管理的职能集中统一行使，设置专门的司局部门，分类履行国家所有者职能，对自然资产实行资产化管理，其统辖的内容主要包括：

（1）产权界定。对产权的界定主要指的是根据法律法规划分自然资源资产的所有权、经营权以及使用权等产权归属，充分明确该自然资源产权主体的财产范围和管理权限等行为，以厘清财产权的边界性问题为主。产权界定主要包括自然资源资产所有权和与所有权相关的其他产权的界定。

（2）产权登记。产权登记是指对资源型国有企业的资产、负债、所有者权益等产权状况进行登记，依法确认产权归属关系的行为。

（3）资产的评估与监管。资产的评估与监管是指产权委员会以资产评估行为规则为标准，对资产评估进行核准或备案等，同时对资产评估进行监管的行为。

（4）收益分配管理。收益分配管理是指对因自然资源资产使用权出让或政府折股出资而获得的补偿收入和投资收入的管理。自然资源资产收益是国家作为出资人凭借所有权和占有使用权理应获得的收益。其中，资源税、增值税、资源增值税等虽然是补偿性收入，但以税收形式实现，这些与资源相关的税收征收工作依然由税务部门管理；自然资源资产出让金、资源转让收入属于初次补偿，而国有自然资源资产股权及股权收益属于投资回报，都应由产权监督委员会负责管理。考虑将资源产权监督委员会作为预算单位进行资源预算管理，设置"国有资源经营预算"科目，报财政部门纳入国有资本经营预算进行统一管理。

（5）资产统计。资产统计是指产权委员会对自然资源资产存量分布、结构、运营和效益基本情况的收集、汇总、检索和分析的工作过程，主要包括自然资源资产统计组织体系的建立、规章制度的制定、统计数据的收集、统计资料的整理和分析。

譬如，以土地资源资产为管理对象时，将土地使用权确认、土地使用权出让、土地使用权转让、土地使用权出租、土地使用权抵押及土地使用权登记皆收归产权委员会统一管理。明晰各类自然资源资产的财产权，落实相关职能界定与权能收益。

（6）国有资源资产股东代表和监事管理。向以国有资源投资入股建立的资源类股份制企业委派国有股东代表和监事会成员，将国有资源资产的所有者职能落到实处。

（7）重大事项管理。建立重大事项报告审批制度，对国家以资源资产出资建立的股份制企业涉及国有资源资产所有者权益的重大事项，如股权比例变化、股权转让、股息红利分配、企业重组和企业清算等，由国有股东代表和监事会成员及时向国有资源资产管理委员会产权管理机构报告，经审批后实施具体操作。

7.2 完善各项自然资源资产管理机制

现行的国有资源性资产管理体制与我国蓬勃向上的经济发展势头已然不相适应，造成资源性资产利用率低下、国有资产流失加重以及生态环境恶化等一系列问题，对国民经济的可持续发展形成严重威胁。因此，在以战略眼光和统筹规划为前提的条件下，我们应加快各类资源性资产管理体制的改革进程。

7.2.1 土地资源的长效监督机制

自 2004 年实施国土资源管理体制改革以来，省级以下国土资源管理宏观调控能力有所增强，国土资源得到了有效保护，领导机制得到了优化。但省级以下土地资源制度进一步改革需要完善垂直管理体制，健全人事管理制度，建立长效监督机制。刘彦随（2011）指出，为适应转型发展的新形势，中国土地资源创新研究要加强土地多学科集成研究、创新土地工程与技术体系、支撑土地整治规划设计和探索土地民生机制与途径，扎实推进土地资源问题工程化、工程问题科学化和科学问题精准化。在践行十八届三中全会"加快生态文明制度建设"要求的过程中，土地资源管理中对技术和治理相融合的需求十分迫切，有学者提出要着重解决几方面问题：重视土地资源开发与利用中的生态文明建设、重视土地政策的动态构建、重视以治理理念推进技术革新（娄成武等，2014）。完善土地资源管理体制需要明确配置、细分职能，合理规划职能部门的权限与职责，并制定严谨的监督考核办法。

7.2.2 矿产资源的科学定价体系

朱学义（2008）通过大量的研究认为矿产资源需要通过资本化路径进行改革，提出矿产资源全面资本化包含六个方面：探矿权价款和存量探矿权使用费、存量采矿权使用费和价款、增量探矿权使用费和价款、增量采矿权使用费和价款、资源补偿费、资源税。从产权约束角度来看，政府和法制是约束矿业资源型企业的两个重要力量，必须在完善矿产资源法律体系的同时加强政府职能的转变。加强矿山环境的监管，建立矿山环境保证金制度，发展绿色矿业；加强矿产资源勘查开采秩序的监管；推进矿山储量动态监测是完善矿产资源管理政策的重要方面。另外，通过对矿产资源价值与定价机制的考察，实现矿产资源定价科学化，重构矿产资源价值管理体系，加强国内矿产资源市场管理。

7.2.3 水资源的生态管理路径

水资源管理改革需要倡导生态经济管理思想，把市场导向融入水资源管理之中，建立国家统一的水资源管理体系。我国应进行大规模的改革和采取强有力的措施，通过节约用水、建立节水型工业、提高用水效率、加强水污染防治、引入市场机制、加强科技创新、树立可持续发展的思想，实行水资源的统一科学管理，维护我国的水资源安全，以缓解我国水资源的供需矛盾，实现经济和社会的可持续发展。有学者通过对世界各国水资源管理体制进行概述，提出政府主导、因地制宜、多元化管理是中国水资源改革的重要原则（谢剑等，2013）。李扬等（2014）对水资源一体化管理进行深化，强调体制的构建首先需要推动水资源单位整合，进一步完善水资源市场建设，逐步提高水务企业竞争力与服务水平。

7.2.4　森林资源的分类经营与市场交易

森林资源产权制度改革必须从优化森林资源产权结构、分类经营、转变政府职能、建立森林资源产权交易市场体系四个方面入手。要实现森林资源管理体制转型，必须通过多元化、系统化的改革和制度创新，重新整合区划国有林区森林资源，调整产业结构，加强森林资源的培育和保护，从根本上协调人类森林资源经营管理的行为方式，实现人与资源环境的和谐发展。通过对国外主要森林资源国家的林业管理体制进行比较分析，其法律健全、生态优先、政府主导管理下具体经营市场化、分级管理等经验对我国林业改革有巨大的借鉴作用。

7.2.5　海洋资源的立体化管理

对海洋资源性资产的研究，学界经历了一个逐步深化的过程，建议结合社会经济的发展现状。增强海洋资源的保护和利用必须在树立海洋科学发展观、增强海洋意识的前提下建立完善的海洋综合管理机制。而解决海洋资源性资产现有问题必须实施海洋资源的资产化管理，即遵循海洋资源的自然规律和经济规律，运用资产管理的理论与方法对海洋资源开发利用活动进行管理。魏婷等（2012）归纳总结了加拿大、美国和日本等世界海洋国家的海洋资源先进管理经验，提出我国在今后的海洋资源管理中应着重从政策、法律、规划和执法能力等方面加强管理。有学者对我国海洋资源管理的现状和围填海造地等热点问题进行深入剖析后提出建立全新的海洋管理体制需要做好三方面工作：设立集海洋监测、管理于一体的新部门，并完善监督机制；完善海洋方面的政策法规；整顿环评机构。

7.2.6　草地资源的主导功能匹配

通过学界对草地资源面临问题的全面深入分析，部分学者针对问题提出了详尽周全的解决方案。郭正刚等（2004）提出，未来草地资源应按照分类经营模式，根据草地资源的主导功能和社会需求，将其分成生态功能区、经济功能区和多功能区。有学者对草地资源管理需遵循的原则进行了研究和阐述，提出"草地生态系统持续生存、生态生产力、顶级群落与前顶级群落相结合、系统耦合、克服系统相悖、草地资源开发与景观匹配"等指导草地资源管理的六项原则，指出实行草地农业系统是解决草地植物生产和动物生产矛盾的根本出路。辛晓平等（2013）强调，完善的草地资源法律与政策是保护资源的前提，并辅之以建设南北人工草地带、改良天然草地的建议。根据翔实的实证分析，西南地区要充分挖掘人工草料作物种植的潜力，促进石漠化草地的恢复，推动人工草地建植与生态屏障建设相结合。

7.3 强化自然资源资产收益形成与分配取向的法制化管理

为了切实保证自然资源资产收益分配机制成为我国自然资源收益分配过程中的操作守则，必须赋予其相应的法律地位。资源法定原则是现代市场化国家的重要特征之一，一个政府的收入必须以税收收入为基础尚能体现可预期性以及权威性。胡建（2009）认为，目前我国对国有资源性资产的监管条例均分布于各细化的法律中，没有专门的国有资源性资产的监管法规。由于资源性资产的价值特殊性，不应将其与经营性国有资源及非经营性国有资产纳入同一法律规定，而应颁布独立的自然资源资产法。统一的国有资源性资产法律需涵盖资源性资产的产权制度、市场交易制度、有偿使用制度和资产评估制度等，同时也要包括对违法行为的严厉惩治措施（赵青青，2014）。健全的自然资源资产管理法律不仅是改革国有资源性资产管理体制的首要任务，也是实现各项管理目标的重要制度保障。

7.3.1 完善自然资源资产出让的法律规范

完善自然资源资产出让法律法规，规范出让程序，主要从以下三个角度展开：

首先，从法律层面对中央与地方政府在自然资源资产方面的权限进行完善。我们需要确定管理自然资源资产的基本着力点：用途管制与开发规划，从源头来制止相关政府及部门对自然资源资产出让的无序性。自然资源资产出让的相互制衡及有效监督需要对自然资源资产的所有者和管理者进行分离，厘清相应的资源资产对应的管理部门。众所周知，只有在自然资源资产依法管理过程中不断地改革与创新，才能为自然资源资产管理水平的提高不断添砖加瓦。依法依规对自然资源资产进行有序管理必须遵循现有的法律基础，在法理上不能突破现行的政策规定。与我国其他领域的改革类似，自然资源资产管理体制的改革也须按照"由试点到整体"的推进节奏，逐步对政策措施进行优化储备。与此同时，由于自然资源资产自身的特殊属性，相关法律法规的完善需要建立在充分翔实的基层调查研究基础上，对试点的执行偏差及时校准，以确保试点区域的自然资源资产管理依法依规运行。

其次，需要上一级政府或者部门强化对自然资源资产依法行政工作的监督、指导及宣传工作，按规定对相关管理部门的依法行政工作进行绩效考核，将考核结果作为干部考察、升迁的重要依据。以省为单位，建立自然资源资产合规性的定期检查制度，并将各省份的检查结果纳入国民经济和社会发展五年规划的指标体系中。在年度工作中，要将自然资源资产依法行政作为相关部门的常规化工作之一，作为年终总结的一部分，逐级汇报。值得注意的是，对于自然资源资产的依法管理还需要舆论的配合，对于严格依法依规执行的要加以表彰，推广并树立典型经验与示例。具体而言，在试点时期对在自然资源资产管理方面充分遵循法律法规办事的先进单位给予一定的资金、资源政策以及指标的支持；同时重视法律意识的培养，善于通过法律手段解决资源问题，发挥自然资源资产法制化管理的个人带头作用，并且加大对执法不严的资源管理单位的惩罚力度。

最后，民意征求应是各类自然资源资产出让前的必经环节。由于自然资源资产在其所处的辖域内与居民生活息息相关，因而自然资源资产在出让前需要充分地考虑民声和民意，应及时公示各类自然资源资产出让的范围、条件、受让方以及相应的补偿方案等充分征求民意，以确保不损害自然资源所在地居民的切身利益，避免加剧社会矛盾。对于各级自然资源主管部门来说，需要对各类资源资产出让的决策程序进行优化或再造；推进自然资源资产相关重大事项的集体决策机制；加强决议中的听证环节和会审环节的透明程度；从措施上充分落实专家咨询意见的转化；严格对自然资源资产相关的集体决策进行合法性与合规性审查；适时将社会评审及竞争性项目引入管理机制中，进一步提高自然资源资产相关决策的科学化。

7.3.2　逐步探索《自然资源资产收益分配法》

就目前而言，我国自然资源资产收益与分配的主要依据来源于各级政府及部门的行政性法规和规章制度，具有显著的非规范性特征。因此，逐步探索《自然资源资产收益分配法》是一项艰巨且长远的任务，将自然资源资产相关的收益管理、分配、使用以及监督等方面通过法律的形式加以确定。未来，需要从法制化视角约束各级政府对于自然资源资产的收益与分配行为，同时与《预算法》相互契合，进而保证自然资源资产政府行为的透明度。同样，各级政府部门制定的自然资源资产相关的规章制度及文件需要严格遵守《自然资源资产收益分配法》中相关的法定权限及程序，将公共参与机制逐步融入法律法规之中。与自然资源资产出让程序类似，对于自然资源资产相关的法律法规及规范性文件，除了依法保密的相关制度之外，相应的法律法规及规范文件的细节都需要向公众征求意见，形式内容包含但不限于互联网投票、座谈会、听证会等，并公布采纳情况。除了上述措施外，我们还需要开展对自然资源资产法律体系的总体性框架研究，实施阶段性的项目储备工作；加大力度推进对各类资源项目的管理，强化对进度的管控，采用年中和年底"双轨"总结的制度；及时地将执行成熟的规范性文件上升为行政法规或者法律条款；重视自然资源资产管理中的实践经验，重视将成功经验转化为制度措施，着重抓住关键领域与核心环节的立法工作，调控立法节奏，逐步完善自然资源资产法律体系。

值得我们注意的是，在逐步探索《自然资源资产收益分配法》的过程中还需要对陈旧、不合时的相关法规进行清理，这是有效评估自然资源资产管理水平的标准之一。各级的自然资源资产管理部门需要根据自然资源资产收益分配法律的主旨与要求逐步开展部分法规的清理工作，可以包含定期型、主动型以及专项型等几类清理工作。定期对法规、规章清理的结果对社会公众进行公布。而已起草完毕的新型法规、规章及规范草案需要与旧版进行充分对比，列出新旧之间的逻辑关系及递进条件。我们在探索《自然资源资产收益分配法》的过程中也需要积累资源立法编纂的实践经验，将立法准备的过程汇编成册，逐步形成成熟的制度规章，作为今后单项自然资源资产立法工作的法定性文本。在这一阶段，我们也必须做好自然资源资产法律法规数据库的工作，处于大数据时代的我们，早期的"元数据"工作需要踏实地完成，并实时更新。

现行的规章制度及规范性文件的评估结果是自然资源资产立法准备的基础性依据。各级自然资源资产管理部门有责任、有义务针对与居民利益息息相关、群众反映强烈以及有重大影响的规章制度进行全方位、立体式评估，将评估结果作为该项制度步入清理、修订或升级阶段的核心条件，科学推进规章制度及规范的立、改、废程序。

7.3.3　健全自然资源资产财产权法律体系的内在结构

第一，推进自然资源资产产权主体相关制度的不断完善。我们知道，明晰的产权是自然资源资产收益分配制度有序运行的基础，然而现行的自然资源资产所有权的主体虚置问题在一定程度上损害了自然资源资产的效率性。张维迎（1995）提出，公有化程度的提高会造成委托代理层次增加的问题，由此使初级委托人与最终代理人之间的距离拉大，降低监督效率。然而，值得我们重视的是，相关法律对自然资源资产的权属安排并不意味着已实现了对自然资源资产的物权化。从短期来讲，解决该问题的有效办法是构建一个具有独立性、多元性以及完善性特征的产权体系，通过这一体系实现对自然资源资产的有效管理。在对具体的自然资源资产进行分类时，与国家发展利益、安全格局息息相关的自然资源资产需要强化对其的有效管控，实现中央政府独立的经营管理；为了减轻中央管理的负担，还有部分自然资源资产需要委托地方政府进行管理，此时必须明确地方政府的管理收益权限与维护义务；对于部分资产，可以试点通过出让方式实现混合所有，从法律层面确保混合所有权人的产权，待经验成熟后逐步推广至全国。构建中央政府、地方政府、社会多元素的产权方程，是优化自然资源资产管理的有效途径，也是促进自然资源资产效率的基本条件之一。

第二，实现对自然资源资产交易的法定。现行自然资源资产的有偿机制从一定程度上看仅是各级政府从自然资源上获取收益，本质上并不是产权交易，还停留于政府主体参与前提下的管理权限转移，并未真正实现产权的交易。因此，在未来推进自然资源资产交易的法定是一件迫在眉睫的任务，只有构建相对科学完善的自然资源资产使用权的交易机制，方能厘清自然资源资产的行政管理权属性与所有权属性之间的关系及边界，从制度角度防止管理权与所有权的混淆不清，也降低寻租行为发生的概率，充分地发挥自然资源资产交易法定所产生的激励功能。同时，完善的自然资源资产交易市场需要考虑各类资源的特殊性，保证制度的差异化。

第三，建立自然资源资产征用与补偿制度及产权回收制度。对于征用自然资源资产，我国法律规定，以遵循公共利益需要为前提，国家可依法对公民的个人财产进行征用或征收，并做出合理、合规的补偿。但是，现行的自然资源资产征用方案基于国有化的安排已经不符合社会的发展和时代的进步。根据生态文明建设的需要，对自然资源资产的征用实行全额补偿作为法定条件是亟须确立的。与此同时，为防止自然资源资产使用者在追逐利益最大化的同时而损害生态文明建设，对自然资源产权的回收是合情合理的，以免对社会公共利益造成严重的危害。

7.4　本章小结

围绕现行管理体制中面临的困境，本书认为应从如下几个方面着重采取有力措施，深化与经济发展相适应的自然资源资产管理体制：

首先，现阶段，构建人格化代表，可以考虑设置独立于国资委之外的自然资源资产产权监督管理委员会（简称"产权监督委员会"），专门负责统一协调资源性资产产权管理，代表国家履行出资人职责，实行资产化管理。以明确自然资源资产产权关系责、权、利对称合理为目标，将资产管理的重心从行政管理转移到产权管理，严格划清资源性资产所有权、使用权和具体监督管理经营权之间的界限，实现管理模式向协调型、综合型转变，避免政府的行政管理职能与资源资产的资产管理职能发生冲突，在提高资产管理效率的同时，实现国民经济的可持续发展。

其次，现行的国有资源性资产管理体制与我国蓬勃向上的经济发展势头已然不相适应，造成资源性资产利用率低下、国有资产流失加重以及生态环境恶化等一系列问题，对国民经济的可持续发展形成严重威胁。因此，在以战略眼光和统筹规划为前提的条件下，我们应加快各类资源性资产管理体制的改革进程。为适应转型发展新形势，中国土地资源创新研究要加强土地多学科集成研究、创新土地工程与技术体系、支撑土地整治规划设计和探索土地民生机制与途径，扎实推进土地资源问题工程化、工程问题科学化和科学问题精准化。在践行十八届三中全会"加快生态文明制度建设"要求的过程中，土地资源管理中对技术和治理相融合的需求十分迫切，有学者提出要着重解决几方面问题：重视土地资源开发与利用中的生态文明建设、重视土地政策的动态构建、重视以治理理念推进技术革新。完善土地资源管理体制需要明确配置、细分职能，合理规划职能部门的权限与职责，并制定严谨的监督考核办法。有学者提出矿产资源全面资本化包含六个方面：探矿权价款和存量探矿权使用费、存量采矿权使用费和价款、增量探矿权使用费和价款、增量采矿权使用费和价款、资源补偿费、资源税。从产权约束角度来看，政府和法制是约束矿业资源型企业的两个重要力量，必须在完善矿产资源法律体系的同时加强政府职能的转变。加强矿山环境的监管，建立矿山环境保证金制度，发展绿色矿业；加强矿产资源勘查开采秩序的监管；推进矿山储量动态监测是完善矿产资源管理政策的重要方面。另外，通过对矿产资源价值与定价机制的考察，实现矿产资源定价科学化，重构矿产资源价值管理体系，加强国内矿产资源市场管理。水资源管理改革需要倡导生态经济管理思想，把市场导向融入水资源管理之中，建立国家统一的水资源管理体系。我国应进行大规模的改革和强有力的措施，通过节约用水、建立节水型工业、提高用水效率、加强水污染防治、引入市场机制、加强科技创新、树立可持续发展的思想，实行水资源的统一科学管理，维护我国的水资源安全，以缓解我国水资源的供需矛盾，实现经济和社会的可持续发展。森林资源产权制度改革必须从优化森林资源产权结构、分类经营、转变政府职能、建立森林资源产权交易市场体系四个方面入手。要实现森林资源管理体制转型，必须通过多元化、系统化的改革和制度创新，重新整合区划国有林区森林资源，调整产业结构，加强森林资源的培育和保护，从根本上协调人类森林资源经营管理的行为方式，实现人与资源环境的和谐发展。对海洋资源性资产的研究，学界经历了一个逐步深化的过程，建议结合社会经济的发展现状。增强海洋资源的保护和利用必须在树立海洋科学发展观、增强海洋意识的前提下建立完善的海洋综合管理机制。而解决海洋资源性资产现有问题必须实施海洋资源的资产化管理，即遵循海洋资源的自然规律和经济规律，运用资产管理的理论与方法对海洋资源开发利用活动进行管理。有学者强调，完善的草地资源法律与政策是保护资源的前提，并辅之以建设南北人工草地、改良天然草地的建议。根据翔实的实证分析，西南地区要充分挖掘人工草料作物种植的潜力，促进石漠化草地的恢复，推动人工草地建植与生态屏障建设相结合。

最后，目前我国对国有资源性资产的监管条例均分布于各细化的法律中，没有专门的国有资源性资产的监管法规。由于资源性资产的价值特殊性，不应将其与经营性国有资产及非经营性国有资产纳入同一法律规定，而应颁布独立的自然资源资产法。统一的国有资源性资产法律需涵盖资源性资产的产权制度、市场交易制度、有偿使用制度和资产评估制度等，同时也要包括对违法行为的严厉惩治措施（赵青青，2014）。健全的国有资产管理法律不仅是改革国有资源性资产管理体制的首要任务，也是实现各项管理目标的重要制度保障。从法律层面对中央与地方政府在自然资源资产方面的权限进行完善。我们需要确定管理自然资源资产的基本着力点：用途管制与开发规划，从源头来制止相关政府及部门对自然资源资产出让的无序性。自然资源资产出让的相互制衡及有效监督需要对自然资源资产的所有者和管理者进行分离，厘清相应的资源资产对应的管理部门。众所周知，在自然资源资产依法管理过程中需要不断地改革与创新，尚能为自然资源资产管理水平的提高不断添砖加瓦。依法依规对自然资源资产进行有序管理必须遵循现有的法律基础，在法理上不能突破现行的政策规定。与我国其他领域的改革类似，自然资源资产管理体制的改革也须按照"由试点到整体"的推进节奏，逐步对政策措施进行优化储备。与此同时，由于自然资源资产自身的特殊属性，相关的法律规范的完善需要建立在充分翔实的基层调查研究基础上，对试点的执行偏差及时校准，以确保试点区域的自然资源资产管理依法依规运行。以省份为单位，建立自然资源资产合规性的定期检查制度，并将各省份的检查结果纳入国民经济和社会发展五年规划的指标体系中。在年度工作中，要将自然资源资产依法行政作为相关部门的常规化工作之一，作为年终总结的一部分，逐级汇报。值得注意的是，对于自然资源资产的依法管理还需要舆论的配合，对于严格依法依规执行的要加以表彰，推广并树立典型经验与示例。由于自然资源资产在其所处的辖域内与居民生活息息相关，因而自然资源资产在出让前需要充分地考虑民声和民意，及时公示各类自然资源资产出让的范围、条件、受让方以及相应的补偿方案等，以确保不损害自然资源所在地居民的切身利益，避免加剧社会矛盾。对于各级自然资源主管部门来说，需要对各类资源资产出让的决策程序进行优化或再造；推进自然资源资产相关重大事项的集体决策机制；加强决议中的听证环节和会审环节的透明程度；从措施上充分落实专家咨询的意见的转化；严格对自然资源资产相关的集体决策进行合法性与合规性的审查；适时地将社会评审及竞争性项目引入管理机制中，进一步提高自然资源资产相关决策的科学化。

参考文献

[1]   安晓明. 自然资源价值及其补偿问题研究 [D]. 长春：吉林大学，2004.

[2]   白景明. 进一步理顺政府间收入划分需要破解三大难题 [J]. 税务研究，2015（4）：3-8.

[3]   白玫. 深化能源价格改革：规律、目标与路径选择 [J]. 价格理论与实践，2014（4）：5-9.

[4]   萨缪尔森，诺德豪斯. 经济学 [M]. 胡代光，等，译. 14版. 北京：北京经济学院出版社，1996.

[5]   财政部. 中国财政年鉴2015 [M]. 北京：中国财政杂志社，2016.

[6]   中华人民共和国财政部. 2009—2016年全国财政预算 [EB/OL]. [2017-11-01]. http：//www.mof.gov.cn/zhengwuxinxi/caizhengshuju/.

[7]   蔡运龙. 自然资源学原理 [M]. 北京：科学出版社，2007.

[8]   曹海霞. 我国矿产资源产权的制度变迁与发展 [J]. 产经评论，2011（3）：133-139.

[9]   曾映鹃. 增强国有资源性资产的产权意识 [J]. 中国水利，1997（1）：12-16.

[10]   陈波. 论产权保护导向的自然资源资产离任审计 [J]. 审计与经济研究，2015（5）：15-23.

[11]   陈建宝，乔宁宁. 地方利益主体博弈下的资源禀赋与公共品供给 [J]. 经

济学（季刊），2016（2）：693-722.

[12] 陈建华，陈雪莹，陶秦青. 马克思价值形态理论的形成研究 [J]. 当代经济研究，2016（6）：15-19.

[13] 陈菁，代小平，陈祥. 基于改进的Shapley值法的农业节水补偿额测算方法 [J]. 水利学报，2011（6）：750-756.

[14] 陈军，成金华. 完善我国自然资源管理制度的系统架构 [J]. 中国国土资源经济，2016（1）：42-45.

[15] 陈鹏辉. 公共资源出让收益分配问题研究 [D]. 广州：华南理工大学，2014.

[16] 陈清泰，刘刚. 国有资产管理体制研究综述 [J]. 首都经济贸易大学学报，2003（5）：14-17.

[17] 陈少晖. 国有企业利润上缴国外运行模式与中国的制度重构 [J]. 财贸研究，2010（3）：11-15.

[18] 陈书全，张慧颖. 海域资源征收中公共利益界定的立法路径选择 [J]. 中国人口•资源与环境，2014（5）：161-169.

[19] 陈伟，陈奕铭. 我国公共资源出让收益合理共享机制的基本框架与经验启示——以国有自然资源为例 [J]. 上海经济研究，2014（11）：16-23.

[20] 褚敏，靳涛. 政府悖论、国有企业垄断与收入差距——基于中国转型特征的一个实证检验 [J]. 中国工业经济，2013（2）：18-30.

[21] 辞海编辑委员会. 辞海（缩印本）[M]. 上海：上海辞书出版社，1980.

[22] 海曼. 公共财政：现代理论在政策中的应用 [M]. 章彤，译. 6版. 北京：中国财政经济出版社，2001.

[23] 蒂滕伯格. 环境与自然资源经济学 [M]. 金志农，等，译. 7版. 北京：中国人民大学出版社，2011.

[24] 刁丽琳，朱桂龙，许治. 基于多权重Shapley值的联盟利益分配机制 [J]. 工业工程与管理，2011（4）：79-84.

[25] 费希特. 自然法权基础 [M]. 谢地坤，程志民，译. 北京：商务印书馆，2004.

[26] 冯俏彬，郑朝阳. 规范我国政府性基金的运行管理研究 [J]. 财经科学，2013（4）：120-124.

[27] 冯俏彬. 国家治理视角下的政府性基金管理研究 [J]. 地方财政研究，2015（7）：16-21.

[28] 封志明，杨艳昭，李鹏. 从自然资源核算到自然资源资产负债表编制 [J]. 中国科学院院刊，2014（4）：449-456.

[29] 普勒格，维纳布尔斯，许娜，等. 治理意外之财：资源丰裕型发展中经济

体的最优政策选择 [J]. 经济社会体制比较，2017（2）：52-64.

[30] 付敏杰. 市场化改革进程中的财政政策周期特征转变 [J]. 财贸经济，2014（10）：17-31.

[31] 付敏杰. 分税制二十年：演进脉络与改革方向 [J]. 社会学研究，2016（5）：215-240.

[32] 高培勇. 论国家治理现代化框架下的财政基础理论建设 [J]. 中国社会科学，2014（2）：102-122.

[33] 高萍，殷昌凡. 设立我国水资源税制度的探讨——基于水资源费征收实践的分析 [J]. 中央财经大学学报，2016（1）：23-31.

[34] 耿建新，张宏亮. 资源性资产超额收益、隐性价值及其收益分配实证研究 [J]. 管理科学，2008（6）：88-95.

[35] 郭庆旺，赵旭杰. 地方政府投资竞争与经济周期波动 [J]. 世界经济，2012（3）：5-21.

[36] 国家统计局. 中国统计年鉴（2015）[M]. 北京：中国统计出版社，2015.

[37] 罗默. 高级宏观经济学 [M]. 吴化斌，龚关，译. 上海：上海财经大学出版社，2014.

[38] 韩朝华，周晓艳. 国有企业利润的主要来源及其社会福利含义 [J]. 中国工业经济，2009（6）：17-26.

[39] 何代欣. 大国财政转型轨迹及其总体框架 [J]. 改革，2016（8）：32-44.

[40] 洪联英，彭媛，罗能生. 国有资源产业兼并重组政策的所有权安排与整合效率研究 [J]. 产业经济研究，2011（2）：18-27.

[41] 黄海燕. 完善自然资源产权制度和管理体制 [J]. 宏观经济管理，2014（8）：75-77.

[42] 黄寰，刘慧，张桦. 我国矿产资源税费及其生态补偿性分析 [J]. 价格理论与实践，2013（9）：73-74.

[43] 江苏省财政厅. 江苏自2016年起调整耕地开垦费收费标准和征收比例 [EB/OL]. [2016-01-19]. http://www.jscz.gov.cn/pub/jscz/xwzx/jscz/201601/t20160121_86604.html.

[44] 姜文来. 关于自然资源资产化管理的几个问题 [J]. 资源科学，2000（1）：5-8.

[45] 靳利飞. 关于新形势下我国自然资源资产管理制度建设的思考 [J]. 国土资源情报，2017（2）：12-18.

[46] 景普秋，范昊. 挪威规避资源诅咒的经验及其启示 [J]. 经济学动态，2011（1）：148-152.

[47] 景普秋. 基于矿产开发特殊性的收益分配机制研究 [J]. 中国工业经济，

2010（9）：15-25.

[48] 景普秋. 资源收益分配机制及其对我国的启示——以矿产开发为例 [J].
经济学动态，2015（1）：66-75.

[49] 景普秋. 资源型地区经济增长动力构成及转换研究 [J]. 南开学报：哲学
社会科学版，2016（3）：125-134.

[50] 李丛笑. 国有资本收益分配体制改革：在公平与发展之间权衡 [J]. 北京
行政学院学报，2010（1）：52-55.

[51] 李刚，罗慧芳. 我国矿产资源国家权益金制度构建——基于国际视野的比
较分析 [J]. 地方财政研究，2017（1）：109-112.

[52] 李国平，李恒炜. 基于矿产资源租的国内外矿产资源有偿使用制度比较
[J]. 中国人口. 资源与环境，2011（2）：153-159.

[53] 李金昌. 资源经济新论 [M]. 重庆：重庆大学出版社，1995.

[54] 李俊生，乔宝云，刘乐峥. 明晰政府间事权划分 构建现代化政府治理体系
[J]. 中央财经大学学报，2014（3）：3-10.

[55] 李丽琴，陈少晖. 国有资本经营预算民生支出的优度检验——基于适度普
惠型社会福利视角 [J]. 福建师范大学学报：哲学社会科学版，2015
（2）：31-37.

[56] 李青. 中国国有企业利润上缴制度完善研究——以欧洲三国为中心 [J].
江苏社会科学，2014（6）：138-144.

[57] 李胜兰，曹志兴. 构建有中国特色的自然资源产权制度 [J]. 资源科学，
2000（3）：9-12.

[58] 李四能. 自然资源资产视域问题研究 [J]. 经济问题，2015（10）：
20-25.

[59] 李松森. 国有资产监督管理理论与政策选择 [M]. 大连：东北财经大学出
版社，2005.

[60] 李松森. 市场经济体制下国家征税依据的深层次思考 [J]. 财政研究，
2008（10）：69-71.

[61] 李松森，孙晓峰. 国有资产管理 [M]. 2版. 大连：东北财经大学出版社，
2013.

[62] 李松森，夏慧琳. 自然资源资产管理体制：理论引申与路径实现 [J]. 东
北财经大学学报，2017（4）：47-54.

[63] 李松森，夏慧琳. 自然资源资产收益分配的困境摆脱与改革取向 [J]. 现
代经济探讨，2016（11）：30-34.

[64] 李松森. 国有资产收益分配理论探讨 [J]. 东北财经大学学报，2003
（5）：7-11.

［65］ 李松森. 构建和谐国有企业产权关系的思考［J］. 中共南京市委党校学报，2007（2）：20-25.

［66］ 李松森. 中央与地方国有资产产权关系研究［M］. 北京：人民出版社，2006.

［67］ 李涛，徐瑾. 双轨制财政分权与土地收益分配制度优化［J］. 财经问题研究，2013（12）：83-88.

［68］ 李香菊，杜伟. 生态文明建设视角下我国税制绿化改革路径研究［J］. 经济问题探索，2015（11）：28-34.

［69］ 李香菊，祝玉坤. 西部地区矿产资源产权与利益分割机制研究［J］. 财贸经济，2011（8）：28-34.

［70］ 李晓燕. 论矿产资源国家所有者权益的实现［J］. 经济问题，2013（6）：30-35.

［71］ 李燕，唐卓. 国有企业利润分配与完善国有资本经营预算——基于公共资源收益全民共享的分析［J］. 中央财经大学学报，2013（6）：7-12.

［72］ 李宇凯，翁明静，杨昌明. 我国资源型企业可持续发展制约因素与对策研究［J］. 中国人口·资源与环境，2010（S1）：451-454.

［73］ 廖红伟，乔莹莹. 产权视角下中国资源性国有资产管理体制创新［J］. 理论学刊，2015（2）：41-48.

［74］ 刘灿. 分权理论及其在自然资源产权制度改革中的应用［J］. 经济理论与经济管理，2008（7）：11-16.

［75］ 刘灿. 我国转型期财产权结构及其矛盾的政治经济学分析［J］. 政治经济学评论，2015（3）：104-119.

［76］ 刘灿. 我国自然资源产权制度构建研究［M］. 四川：西南财经大学出版社，2009.

［77］ 刘春学，李连举，李春雪. 浅析矿产资源开发中的利益分配博弈［J］. 技术经济与管理研究，2013（5）：20-24.

［78］ 刘国光. 经济学教学和研究中的一些问题［J］. 经济研究，2005（10）：10-18.

［79］ 刘立佳. 基于可持续发展视角的资源税定位研究［J］. 资源科学，2013（1）：74-79.

［80］ 刘丽，张彬. 美国政府间事权、税权的划分及法律平衡机制［J］. 湘潭大学学报：哲学社会科学版，2012（6）：53-58.

［81］ 刘瑞明，石磊. 上游垄断、非对称竞争与社会福利——兼论大中型国有企业利润的性质［J］. 经济研究，2011（12）：86-96.

［82］ 刘尚希，樊轶侠. 公共资源产权收益形成与分配机制研究［J］. 中央财经

大学学报，2015（3）：3-10.

[83] 刘尚希，吉富星. 公共产权制度：公共资源收益全民共享的基本条件 [J].
中共中央党校学报，2014（5）：68-74.

[84] 刘尚希. 资源价格改革如何迈步 [J]. 改革，2010（8）：133-134.

[85] 刘志成，王娟. 制度框架、困境摆脱与矿产资源有偿使用的可能取向 [J].
改革，2015（3）：98-109.

[86] 刘玉平，温来成. 国有资产管理新论 [M]. 北京：清华大学出版社，
2004.

[87] 楼继伟. 中国政府间财政关系再思考 [M]. 北京：中国财政经济出版社，
2013.

[88] 卢洪友，张楠. 政府间事权和支出责任的错配与匹配 [J]. 地方财政研究，
2015（5）：4-10.

[89] 卢小丽，赵奥，王晓岭. 公众参与自然资源管理的实践模式——基于国
内外典型案例的对比研究 [J]. 中国人口·资源与环境，2012（7）：
172-176.

[90] 陆林，罗婷婷. 我国土地权能的演进逻辑与夯实谋划 [J]. 西南大学学报：
社会科学版，2015（2）：34-41.

[91] 门多萨，麦克阿瑟，洛佩斯. 诅咒还是福音？矿产资源收益管理策略综述
[J]. 经济社会体制比较，2017（2）：39-51.

[92] 吕冰洋. 现代政府间财政关系的构建 [J]. 中国人民大学学报，2014
（5）：11-19.

[93] 马国强. 矿产资源税的理论基础与制度设计 [J]. 税务研究，2012（10）：
9-15.

[94] 马国强. 中国税收 [M]. 2版. 大连：东北财经大学出版社，2009.

[95] 马国勇，陈红. 基于利益相关者理论的生态补偿机制研究 [J]. 生态经济，
2014（4）：33-36.

[96] 马克思. 资本论：第三卷下 [M]. 中共中央马克思恩格斯列宁斯大林著作
编译局，译. 北京：人民出版社，1975.

[97] 马克思. 资本论：第三卷 [M]. 中共中央马克思恩格斯列宁斯大林著作编
译局，译. 北京：人民出版社，2004.

[98] 马克思. 资本论：第一卷下 [M]. 中共中央马克思恩格斯列宁斯大林著作
编译局，译. 北京：人民出版社，2008.

[99] 马若微，王召方. 基于 Shapley 模型的公私合营基建项目股权结构研究
[J]. 当代经济科学，2015（4）：118-123.

[100] 马士华，王鹏. 基于 Shapley 值法的供应链合作伙伴间收益分配机制 [J].

工业工程与管理，2006（4）：43-45.

[101] 马万里，李齐云. 从"援助之手"到"攫取之手"：地方政府行为差异的政治经济学分析［J］. 财政研究，2017（1）：77-88.

[102] 马永喜. 基于Shapley值法的水资源跨区转移利益分配方法研究［J］. 中国人口·资源与环境，2016（10）：116-120.

[103] 毛程连. 国有资产管理学［M］. 上海：复旦大学出版社，2005.

[104] 毛泽东. 毛泽东文集［M］. 北京：人民出版社，1999.

[105] 尼斯，斯威尼. 自然资源与能源经济学手册：第一卷［M］. 李晓西，等，译. 北京：经济科学出版社，2007.

[106] 裴潇，蒲志仲，吴杰. 石油资源租国际分配博弈策略及影响分析［J］. 财政研究，2016（6）：42-56.

[107] 蒲志仲. 略论自然资源产权界定的多维视角［J］. 经济问题，2008（11）：12-16.

[108] 陕西省国土资源厅. 关于耕地开垦费征收管理有关问题的通知［EB/OL］. ［2015-03-17］. http：//gtzyt.shaanxi.gov.cn/info/1222/10345.htm.

[109] 施文泼，贾康. 中国矿产资源税费制度的整体配套改革：国际比较视野［J］. 改革，2011（1）：5-20.

[110] 史丹，何辉. 水资源费征收存在的问题及政策建议［J］. 经济研究参考，2014（63）：3-7.

[111] 宋丽颖，王琰. 公平视角下矿产资源开采收益分享制度研究［J］. 中国人口·资源与环境，2016（1）：70-76.

[112] 搜狐新闻. 环保税2018年开征：费改税每年或达500亿［EB/OL］. ［2016-12-26］. http：//news.sohu.com/20161226/n476937752.shtml.

[113] 孙开，孙琳. 流域生态补偿机制的标准设计与转移支付安排——基于资金供给视角的分析［J］. 财贸经济，2015（12）：118-128.

[114] 孙秀林，周飞舟. 土地财政与分税制：一个实证解释［J］. 中国社会科学，2013（4）：5-11.

[115] 孙亦军. 财政与资源性资产管理的关系问题研究［J］. 中央财经大学学报，2006（4）：7-10.

[116] 邵秉仁. 创建国有资产管理新体制［M］. 北京：中国财政经济出版社，2003.

[117] 泰坦伯格. 自然资源经济学［M］. 高岚，等，译. 北京：人民邮电出版社，2012.

[118] 唐未兵，伍敏敏. 财政分权与资源配置效率关系研究进展［J］. 经济学动态，2017（4）：122-132.

[119] 汪立鑫. 国有资产管理理论、体制与实务 [M]. 上海：格致出版社，2011.

[120] 汪立鑫，付青山. 转型期国有资本收益的公共福利性支出 [J]. 财经科学，2009（1）：103-110.

[121] 汪利娜. 政府土地收益主要来源、规模下的央地利益博弈 [J]. 改革，2014（4）：71-79.

[122] 汪平，李光贵，袁晨. 国外国有企业分红政策：实践总结与评述 [J]. 经济与管理研究，2008（6）：78-86.

[123] 汪伟全. 地方政府竞争秩序的治理：基于消极竞争行为的研究 [M]. 上海：上海人民出版社，2009.

[124] 王琛伟，陈凤仙. 中央政府与地方政府职责的合理边界 [J]. 经济学动态，2014（9）：66-78.

[125] 王东辉. 发达国家财政事权划分模式及对我国的启示 [J]. 地方财政研究，2016（3）：108-112.

[126] 王宏利. 美国土地财政收入演进规律及启示 [J]. 地方财政研究，2011（5）：74-80.

[127] 王淼，高伟，贾欣. 海洋空间资源性资产产权特征及产权效率分析 [J]. 海洋环境科学，2010（2）：276-279.

[128] 王万山，廖卫东. 中国自然资源产权市场应如何"转轨" [J]. 改革，2002（6）：26-33.

[129] 王小龙，方金金. 财政"省直管县"改革与基层政府税收竞争 [J]. 经济研究，2015（11）：79-93.

[130] 王永进，刘灿雷. 国有企业上游垄断阻碍了中国的经济增长？——基于制造业数据的微观考察 [J]. 管理世界，2016（6）：10-21.

[131] 王永钦，张晏，章元. 中国的大国发展道路——论分权式改革的得失 [J]. 经济研究，2007（1）：4-16.

[132] 王育宝，胡芳肖. 非再生资源开发中价值补偿的途径 [J]. 中国人口·资源与环境，2013（3）：1-11.

[133] 王泽鉴. 民法物权 [M]. 北京：北京大学出版社，2009.

[134] 王甄，胡军. 控制权转让、产权性质与公司绩效 [J]. 经济研究，2016（4）：146-160.

[135] 温桂芳，张群群. 能源资源性产品价格改革战略 [J]. 经济研究参考，2014（4）：64-81.

[136] 吴英，明第. 关于国有资源性资产管理体制改革的思考 [J]. 经济体制改革，1996（2）：40-43.

[137] 吴初国，池京云，马永欢. 自然资源管理改革探讨 [J]. 国土资源情报，2015 (8)：12-17.

[138] 吴海涛，张晖明. 资源性国有资产的资产化管理 [J]. 上海经济研究. 2009 (6)：15-20.

[139] 吴群，李永乐. 财政分权、地方政府竞争与土地财政 [J]. 财贸经济，2010 (7)：11-18.

[140] 伍世安. 深化能源资源价格改革：从市场、政府分轨到"市场+政府"合轨 [J]. 财贸经济，2011 (5)：123-128.

[141] 向玉乔. 社会制度实现分配正义的基本原则及价值维度 [J]. 中国社会科学，2013 (3)：106-124.

[142] 肖国兴. 论中国自然资源产权制度的历史变迁 [J]. 郑州大学学报：哲学社会科学版，1997 (6)：19-25.

[143] 谢高地，曹淑艳，王浩. 自然资源资产产权制度的发展趋势 [J]. 陕西师范大学学报：哲学社会科学版，2015 (5)：161-166.

[144] 谢慧明，强朦朦，沈满洪. 我国水资源费征收标准的地区差异及调整 [J]. 学习与实践，2015 (12)：15-21.

[145] 徐传谌，翟绪权. 国有企业分类视角下中国国有资产管理体制改革研究 [J]. 理论学刊，2016 (5)：46-53.

[146] 徐嵩龄. 产权化是环境管理网链中的重要环节，但不是万能的、自发的、独立的——简评《从相克到相生：经济与环保共生策略》[J]. 河北经贸大学学报，1999 (2)：32-35.

[147] 徐智颖，钟太洋. 土地出让相关收入央地分成政策变迁与耕地资源流失的关系 [J]. 资源科学，2016 (1)：73-82.

[148] 斯密. 国民财富的性质和原因的研究 [M]. 郭大力，王亚南，译. 北京：华夏出版社，1981.

[149] 闫坤，于树一. 论我国政府间财政支出责任的"错配"和"纠错"[J]. 财政研究，2013 (8)：14-18.

[150] 燕春，史安娜. 国有资产出资人制度批判与重构——从国资委到人民代表股东会 [J]. 社会科学研究，2008 (2)：62-68.

[151] 杨白冰. 从产权视角看税收制度的本质 [J]. 地方财政研究，2015 (12)：61-64.

[152] 杨海龙，杨艳昭，封志明. 自然资源资产产权制度与自然资源资产负债表编制 [J]. 资源科学，2015，37 (9)：1732-1739.

[153] 杨记军，逯东，杨丹. 国有企业的政府控制权转让研究 [J]. 经济研究，2010 (2)：69-82.

[154] 杨平. 从战略高度建立健全我国的生态补偿机制 [J]. 山西财经大学学报，2012 (S3)：54-55.

[155] 杨志勇. 分税制改革中的中央和地方事权划分研究 [J]. 经济社会体制比较，2015 (2)：21-31.

[156] 杨志勇. 中央和地方事权划分思路的转变：历史与比较的视角 [J]. 财政研究，2016 (9)：2-10.

[157] 叶青海. 利益协调视阈下不可再生资源优化配置的制度分析 [D]. 长春：吉林大学，2011.

[158] 叶榅平. 自然资源物权化与自然资源管理制度改革导论 [J]. 管理世界，2012 (9)：178-179.

[159] 叶振宇. 继续深化煤炭资源有偿使用制度改革的思考 [J]. 地方财政研究，2015 (9)：34-37.

[160] 于树一. 论国家治理框架下事权和支出责任相适应的政府间财政关系 [J]. 地方财政研究，2015 (5)：11-16.

[161] 俞杰. 环境税"双重红利"与我国环保税制改革取向 [J]. 宏观经济研究，2013 (8)：3-7.

[162] 张波，刘璐. 煤炭开采收益共享：依据、内涵与制度设计 [J]. 经济社会体制比较，2017 (2)：65-76.

[163] 张峰，叶榅平. 自然资源物权化的困境与出路 [J]. 上海财经大学学报，2012 (2)：35-42.

[164] 张复明，曹海霞. 我国矿产资源产权残缺与租值耗散问题研究 [J]. 经济学动态，2013 (6)：54-60.

[165] 中华人民共和国国土资源部. 2015中国国土资源公报 [M]. 北京：地质出版社，2016.

[166] 中华人民共和国国土资源部. 2016中国矿产资源报告 [M]. 北京：地质出版社，2016.

[167] 张景华. 经济增长中的自然资源效应研究 [D]. 成都：西南财经大学，2008.

[168] 张伦伦，钟毅. 基于政府间财力配置视角的资源税改革效应 [J]. 税务研究，2015 (5)：39-44.

[169] 张薇薇，龚六堂. 自然资源禀赋税对地区收入差异的影响 [J]. 世界经济文汇，2008 (4)：33-48.

[170] 张维迎. 博弈论与信息经济学 [M]. 上海：格致出版社，2014.

[171] 张晏. 国外生态补偿机制设计中的关键要素及启示 [J]. 中国人口·资源与环境，2016 (10)：121-129.

[172] 张屹山，杜娇．新时期资源占有体系与利益分配体系的演化变迁——兼论
我国经济体制改革的权力逻辑［J］．吉林大学社会科学学报，2016（2）：
35-42．

[173] 张银政，王晓雪．我国矿产资源收益分配的政策沿革及其困境摆脱［J］．
改革，2011（4）：42-46．

[174] 赵惠萍．国有资本收益分配机制研究［D］．天津：天津财经大学，2013．

[175] 赵明，李树春，黄海燕．如何加强对资源性资产的管理［J］．工业技术经
济，2005（139）：25-30．

[176] 赵文哲，杨继东．地方政府财政缺口与土地出让方式——基于地方政府与
国有企业互利行为的解释［J］．管理世界，2015（4）：11-24．

[177] 浙江省人民政府．关于耕地开垦费征收管理办法的通知［EB/OL］．
［2000-12-28］．http：//www.zj.gov.cn/art/2013/1/4/art_13012_69663.
html．

[178] 郑小玲．中央与地方国有资产收益分配博弈问题研究［J］．地方财政研究，
2010（4）：47-51．

[179] 植草益．微观规制经济学［M］．朱绍文，等，译．北京：中国发展出版
社，1992．

[180] 中共中央党校省级干部进修班课题组，汪民．关于深化自然资源管理制度
改革的思考［J］．中国领导科学，2016（10）：30-32．

[181] 马克思，恩格斯．马克思恩格斯选集：第一卷［M］．中共中央马克思恩格
斯列宁斯大林著作编译局，译．北京：人民出版社，1973．

[182] 马克思，恩格斯．马克思恩格斯选集：第四卷［M］．中共中央马克思恩格
斯列宁斯大林著作编译局，译．北京：人民出版社，1972．

[183] 中央编办二司课题组．关于完善自然资源管理体制的初步思考［J］．中国
机构改革与管理，2016（5）：29-31．

[184] 周纪昌．马尔萨斯的自然资源稀缺论［J］．生态经济，2012（5）：24-27．

[185] 周志波，张卫国．我国资源税制度演化历史与改革路径研究［J］．宏观经
济研究，2015（9）：3-13．

[186] 朱为群，缑长艳．当前国有资源财政收入制度之弊端及其改革［J］．税务
研究，2014（2）：32-37．

[187] 朱珍．国企财政分配关系的60年嬗变——制度变迁与宪政框架构建［J］．
地方财政研究，2010（3）：65-69．

[188] 庄国敏，钟凰元．公平与效率：自然资源产权制度中的博弈［J］．合肥工
业大学学报：社会科学版，2015（4）：3-9．

[189] 左正强．我国环境资源产权制度构建模式探讨［J］．生态经济，2014

(10)：160-163.

[190] 丽丝. 自然资源：分配、经济学和政策 [M]. 蔡运龙，等，译. 北京：商务印书馆，2005.

[191] SHLEIFER A, VISHNY R. Large shareholders and corporate control [J]. Journal of Political Economy, 1986, 94 (3)：461-488.

[192] ARROW K J. The economic implications of learning by doing [J]. Review of Economics Studies, 1962, 29 (6)：155-73.

[193] ASLUND A.Why has Russia's economic been so arduous [R]. Paper Prepared for the Annual World Bank Conference on Development Economics, 1999.

[194] AUTY R. Resource abundance and economic development [M]. London：Oxford University Press, 2011.

[195] BAHL R. Implementation rules for fiscal decentralization [R]. The World Bank Working Paper, 1999.

[196] BAHL R, LINN J. Urban public finance in developing countries [M]. London：Oxford University Press, 1992.

[197] BLANCHARD O. Suggestions for a new set of fiscal indicators [R]. OECD Working Paper, No.79, 1990.

[198] BRENNAN G, BUCHANAN J. The Power to Tax. [M]. Cambridge：Cambridge University Press, 1980.

[199] BRENNAN G, BUCHANAN J. Searching for Leviathan：An empirical study [J]. The American Economic Review, 1985, 75 (4)：748-757.

[200] BROWN E C.Fiscal policy in the thirties：A reappraisal [J]. American Economic Review, 1956, 46 (1)：857-879.

[201] BUCHINSKY M. Recent advances in quantile regression models：A practical guideline for empirical research [J]. Journal of Human Resources, 1998, 45 (4)：124-187.

[202] SHOUP C S.The theory of public finance [J]. American Economic Review, 1959, 49 (5)：1018-1029.

[203] CAO GUANGZHONG, FENG CHANGCHUN , TAO RAN. Local "and finance" in China's urban expansion：Challenges and solutions [J]. China & World Economy, 1976 (16)：19-30.

[204] COLE, DANIEL H. Environmental protection under and after socialism：A study of Poland [R]. A Dissertation for J.S.D. at Stanford University, 1996.

[205] COLLIER P, VENABLES A J. Managing resource revenues: Lessons for low income countries [R]. Paper for African Economic Research Consortium 2008 Annual Conference, 2008.

[206] DASGUPTA P, HEAL G M. The optimal depletion of exhaustible resources [J]. Review of Economic Studies, 1974, 41 (5): 3-28.

[207] DASGUPTA P, STIGLITZ J E. Strategic considerations in invention and innovation, the case of natural resources [J]. Econometrica, 1988, 56 (4): 841-849.

[208] HANSEN D A. Second best pricing policies for an exhaustible resource [J]. American Economic Review, 1977, 67 (1): 351-354.

[209] EASTERBROOK F. Two agency cost explanation of dividends [J]. American Economic Review, 1984 (74): 650-659.

[210] ERNIE J. Real estate economics [M]. New York: Palgrave Macmillan, 2011.

[211] RODRIGUEZ F, SACHS J D. Why do resource-abundant economies grow more slowly? [J]. Journal of Economic Growth, 1999, 4 (3): 277-303.

[212] FAMA E F, JENSEN M C. Separation of ownership and control [J]. Journal of Law and Economics, 1983, 26 (2): 301-325.

[213] FAN P H, WANGT J, ZHANG T. Politically connected CEOs, corporate governance and post-IPO performance of China's newly partially privatized firms [J]. Journal of Applied Corporate Finance, 2014, 26 (3): 85-95.

[214] FRYE T, SHLEIFER A. The invisible hand and the grabbing hand [J]. American Economic Review, 1997, 87 (2): 354-358.

[215] GRAFTON R Q, SQUIRES D, FOX K J. Private property and economic efficiency: A study of a common-pool resource [J]. Journal of Law and Economics, 2000, 43 (2): 679-713.

[216] GROSSMAN S, HART O. An analysis of the principal-agent problem [J]. Econometrica, 1983, 51 (1): 7-45.

[217] GYLFASON T. Natural resource, education, and economic development [J]. European Economic Review, 2001, 45 (4-6): 847-859.

[218] HICKS J R. Value and capital [M]. London: Oxford University Press, 1946.

[219] DAVIS J, OSSOWSKI R, FEDELINO A. Fiscal policy formulation and

implementation in oil-producing countries [R]. International Monetary Fund Working Paper, 2003.

[220] HARTWICK J. Substitution among exhaustible resources and intergenerational equity [J]. The Review of Economic Studies, 1978, 45 (2): 347-354.

[221] JENSEN M C, MECKLING W H. Theory of the firm: Managerial behavior, agency costs and ownership structure [J]. Social Science Electronic Publishing, 1976, 3 (4): 306-360.

[222] JESEN M C. Agency costs and free cash flow, corporate finance and takeovers [J]. Social Science Electronic Publishing, 1994, 76 (2): 323-329.

[223] JOHN H, ANJA H. Economic depreciation of mineral stocks and the contribution [R]. The World Bank, 1993.

[224] HARTWICK J M. Intergenerational equity and the investing of rents from exhaustible resources [J]. The American Economist, 1977, 67 (5): 972-974.

[225] KATZ M L, SHAPIRO C. Network externalities, competition, and compatibility [J]. The American Economic Review, 1985, 71 (4): 249-273.

[226] LEITE C, WEIDMANN J. Does mother nature corrupt? Nature resources, corruption and economic growth [R]. IMF Working Paper, 1999.

[227] LI HONGBIN, ZHOU LI-AN. Political turnover and economic performance: The incentive role of personnel control in China [J]. Journal of Public Economics, 1996 (89): 1743-1762.

[228] BOYCKO M, SHLEIFER A, VISHNY R W. A theory of privatization [J]. Economic Journal, 1996, 106 (435): 309-319.

[229] SINGH M, DAVIDSON W N. Agency costs, ownership structure and corporate governance mechanisms [J]. Journal of Banking and Finance, 2003, 27 (5): 793-816.

[230] MURSHED S, SERINO L. The pattern of specialization and economic growth: The resource curse hypothesis revisited [J]. Structural Change and Economic Dynamics, 2011, 22 (2): 151-161.

[231] NELLIS, JOHN. Is Privatization Necessary [J]. World Bank Viewpoint, 1994 (5): 17.

[232] NORMAN, SHELLEY C. Essays in resource and environmental economics

(Quebec) [R]. A Dissertation for Ph. D at University of California, 2005.

[233] OATES W. Fiscal federalism [M]. New York: Harcourt Brace Jovanovich, 1972.

[234] OLTERS J. Old curses, new approaches? Fiscal benchmarks for oil-producing countries in Sub-Saharan Africa [R]. IMF Working Paper, 2007: 7-107.

[235] PEJOVICH S. The economics of property rights: Towards a theory of comparative system [M]. Texas: Kluwer Academic Publishers, 1990.

[236] PLOEG F. Bottlenecks in ramping up public investment [J]. International Tax & Public Finance, 2012, 19 (4): 509-38.

[237] COSTANZA R, et al. The value of the world's ecosystemservices and natural capital [J]. Natural, 1998, 25 (1): 3-15.

[238] MUSGRAVE R. The theory of public finance: A study in public economy [M]. New York: McGraw-Hill, 1959: 168-201.

[239] ROBERT A. A theory of constitutional rights [M]. London: Oxford University Press, 2002: 178-179.

[240] ROSS S. The economic theory of agency: The principal's problem [J]. American Economic Review, 1973, 63 (2): 134-9.

[241] ROZEFF M S. Growth, beta and agency costs as determinants of dividend payout ratios [J]. Journal of Financial Research, 1982, 5 (3): 249-259.

[242] BARNETT S A, OSSOWSKI R. Operational aspects of fiscal policy making in oil-producing countries [R]. IMF Working Paper 02/177, 2002.

[243] SACHS J, WARNER A. The big push, natural resource booms and growth [J]. Journal of Development Economics, 1999, 59 (1): 43-76.

[244] SALAH E S. The proper calculation of income from depletable natural resources [R]. The World Bank, 1989.

[245] SALAH E S. Absorptive capacity, the demand for revenue and the supply of petroleum [J]. Journal of Energy and Development, 1981, 7 (1): 73 -88.

[246] XAVIER S, SUBRAMANIAN A. Addressing the natural resource curse: An illustration from Nigeria [R]. NBER Working Paper, No.9804, 2003.

[247] SEGAL P. How to spend it: Resource wealth and the distribution of

resource rents [J]. Energy Policy, 2012, 51 (4): 340-348.

[248] SHAH A. Fiscal decentralization in developing and transition economies: Progress, problems, and the promise [R]. World Bank Publications, 2004.

[249] GYLFASON T. Natural resources, education, and economic development [J]. European Economic Review, 2001, 45 (4-6): 847-859.

[250] TIEBOUT C M. A pure theory of local expenditures [J]. The Journal of Political Economy, 1956, 214 (90): 416-424.

[251] BREMER T, PLOEG F. Managing and harnessing volatile oil windfalls [J]. IMF Economic Review, 2013, 61 (1): 130-67.

[252] VAN NORDEN, ORPHANIDES A. The unreliability of output gap estimates in real time [J]. Review of Economics and Statistics, 2002, 84 (17): 569-583.

[253] CORDEN W M, NEARY J P. Booming sector and de-industrialization in a small open economy [J]. Economic Journal, 1982, 92 (368): 825-848.

[254] WAGNER G A. Are state budget stabilization funds only the illusion of savings? Evidence from stationary panel data [J]. Quarterly Review of Economics& Finance, 2003, 223 (43): 180-202.

[255] WANG D H. The size and structure of China's full-covered fiscal expenditure [J]. China Finance and Economic Review, 2015, 3 (1): 1-9.

[256] WEIGAST BARRY R. The economic role of political institution : Market-preserving federalism and economic growth [J]. Journal of Law, Economics and Organization, 1995 (11): 1-31.

[257] WIJNBERGEN S. The "Dutch disease": A disease after all [J]. Economic Journal, 1984, 94 (373): 41-55.

[258] WITNEY N, KENNETH W. A simple, positive semi-definite, heteroskedasticity and autocorrelation consistent Covariance Matrix [J]. Econometrica, 1987, 55 (3): 703-708.

[259] WRIGHT G, CZELUSTA J. Exorcizing the resource curse: Minerals as a knowledge industry, past and present [R]. Stanford University Working Papers, 2002.

[260] Xie D, Zou H F, Davoodi H. Fiscal decentralization and economic growth in the United States [J]. Journal of Urban Economics, 1999, 45 (2): 228-239.

参考文献

[261] YARROW, GEORGE. Privatization in theory and practice [J]. Economic Policy, 1986, 1 (2): 324-377.

[262] ZIMMERMANN E W. World resources and industries [M]. New York: Harper, 1951.

后记

　　本书完稿之时，大连的初冬已然降临。财园三载，铺展出生命中难忘的求学光阴。从初入财园到今日别离，三年的时光让我和昱池恣意成长，点滴往事俱在心间，谨以本书的后记感念所爱之人、所忆之事。

　　古语云："一日为师，终身为父。"因缘际会，有幸拜师于门下，感谢恩师李松森教授，指引我步入国有资产研究的殿堂。韩愈师说有三：传道，授业，解惑也。老师悉心教导，耐心释疑，倾心育人，无论是平日的授课，抑或是本书的写作指导，老师倾囊相授，思想每每都使我醍醐灌顶。本书虽以老师的思想为髓，无奈自己资质愚钝，还未能领会老师思想、研究的全部精华，在未来的工作学习中我定不忘教诲、砥砺奋进。跟随恩师学习的三年，不仅是知识汲取的三年，也是品格锤炼的三年，老师用其德厚流光的品格与严谨治学的态度教与我做人、做事的原则，丰富的不只是知识，更是思考问题的角度与方式。师恩之重，唯愿一生以偿！

　　"情不知所起，一往而深。"硕士期间，我和先生昱池在安徽财经大学相识、相知、相爱。硕士毕业之际，一同备考，一同赴考，一同录取。成家之后，便一同踏上漫漫求学路。博士期间的滋味，最幸福的便是有人同甘、共苦。博士三年，也是新婚三年，昱池给予了我一位丈夫能给的全部关爱、包容与支持。记得刚进入博士生活学习时，我对于跨专业的转换是无法适应的，那段时间他耐心抚平我的不安与自卑。当学习生活步入正轨后，我们每天一起到图书馆看书、写论文，一起讨论思路，一起下自习回家，这种美好而特别的感觉每每想起都是一种温暖。时间缓缓地流过，提笔写本书之际，我们惊喜地发现一个小生命悄然降临，激动的心情无以言表。由于孕期的不适和各种状况，昱池认真撰写博士论文，心中顶着巨大压力的同时还需照顾我的情绪和身体，更因为父亲身份的加持而变得更为稳重与成熟。待我重新提笔，已是产后两月，彼时将按期毕业的他，将我的焦虑、烦躁、迷茫、担忧都放在了心上。昱池贴心的宽慰和独到的见解于我就是及时雨，文中处处都有他的点拨与提醒。要感谢昱池很多很多，只想说生命中有你相伴，我真的很幸福。你在哪里，哪里就是家！

　　"所谓父母子女一场，不过是相互滋养。我原本以为自己为了你付出一切，到最后才发现，成全的，原来是我自己。"博士期间人生身份的转变，使我感受到成为一位母亲的甜蜜与担当。孕期出现过的各种不适，都被美妙的胎动一扫而光；本书写作时冥思苦想带来的烦闷，都被大圣的第一次笑、第一次清晰地喊出"妈妈"、第一次端坐、第一次爬行、第一次站立……每一次的撒娇哭闹而抚平。哄你入睡时，看着你稚嫩的小脸，发觉自己已如此幸运，原来上天一直都在眷顾于我，我还有何不满足，有何借口踟蹰不前呢？现在的你已经可以扶着围栏站着呼唤我们，可是我竟希望时间可以慢一些，让你无忧无虑的时间再长一些，也让你在我怀里的时间再久一些。等到你会迎风奔跑之时，妈妈愿你能够成长为像爸爸一样的男子汉，成为一位谦谦君子，善良地对待这个世界，也祈祷这个世界可以善良地对待你。以一首小诗作为结尾，表达我对你的感谢：

　　你问我出生前在做什么/我答，我在天上挑妈妈/看见你了/觉得你特别好/想做你的儿子/又觉得自己可能没那个运气/没想到/第二天一早/我已经在你肚子里。

谢谢你，愿意做我的孩子。

行文至此，最应该从心底感谢的是我的父母和公公婆婆，四老对于我和昱池的学习、生活都给予了极大的鼓励与支持，如夜行中的指路明灯。特别是父母，他们辛苦养育我 28 年后，仍在我求学期间，离开安逸的老家，远赴大连照顾我们和大圣，一直陪伴至今，使我时时被家的温暖幸福环绕。父母从孕期对我的悉心照顾，到我产后衣不解带、不分昼夜地陪伴，再到帮我分担本书写作期间带大圣的重担，使我心无旁骛地一路前行。养育之情，岂此一言可表！同时，感恩叔叔、二妈对我 22 载漫漫求学路的指点与劝诫，感恩妹妹佳木不时地"督促"，感谢家中各位长辈的关心和期许！

感恩成长的青春，那些年、那些人、那些事，感谢同窗苦读的同学和师兄师姐，一同学习的日子会是我一生美好的回忆。

"人一生很多时候都生活在别人的恩泽之中，但他可能永远都不知道。"世界无穷愿无尽，海天辽阔立多时。愿我勇往直前，圆满此生。

夏慧琳

2017 年 11 月 30 日于黑石礁

关键词索引